ISO、IFLA图书馆标准规范体系研究

刘兹恒　主编

国家图书馆出版社
National Library of China Publishing House

图书在版编目(CIP)数据

ISO、IFLA图书馆标准规范体系研究/刘兹恒主编. --北京:国家图书馆出版社,2016.6

ISBN 978－7－5013－5824－3

Ⅰ.①I… Ⅱ.①刘… Ⅲ.①图书馆—标准体系—研究 Ⅳ.①G25-65

中国版本图书馆CIP数据核字(2016)第108990号

书　　名　ISO、IFLA图书馆标准规范体系研究
著　　者　刘兹恒　主编
责任编辑　高　爽　唐　澈

出　　版　国家图书馆出版社(100034　北京市西城区文津街7号)
　　　　　(原书目文献出版社　北京图书馆出版社)
发　　行　010－66114536　66126153　66151313　66175620
　　　　　66121706(传真),66126156(门市部)
E-mail　nlcpress@nlc.cn(邮购)
Website　www.nlcpress.com ——→投稿中心
经　　销　新华书店
印　　装　北京科信印刷有限公司
版　　次　2016年6月第1版　2016年6月第1次印刷

开　　本　880毫米×1230毫米　1/32
印　　张　7.375
字　　数　153千字

书　　号　ISBN 978－7－5013－5824－3
定　　价　60.00元

文化部文化科技司文化行业标准化研究项目
《ISO、IFLA 图书馆标准规范体系研究》课题组

负责人： 刘兹恒

成　员： 郑丹丹　巫　倩　黄　佩
孟晨霞　刘雅琼　董舞艺

目　　录

1 绪论

1.1 研究背景

标准化是各个行业获得健康发展的一项重要举措，一个国家或一个机构如果在某个行业的标准化工作方面取得领先的地位，那这个国家或机构也将在这个行业获得绝对的发展优势。对于图书馆这类知识服务的行业来说，标准化工作不仅能提高个体图书馆的建设和服务水平，更有助于图书馆实现其信息交流和信息共享的服务理想。

近年来，在国家政策和资金的支持下，我国图书馆行业在标准化和规范化建设方面取得了一定的成就，主要表现为：首先，《国家"十一五"时期文化发展规划纲要(2006—2010)》明确指出，要"编制图书馆、博物馆、文化馆(站)等公共文化设施建设的国家标准"①，其后文化部发布《文化标准化中长期发展规划(2007—2020)》，进一步明确指出要建立较为完善的图书馆行业分类标准②，在2013年11月12日党的十八届三中全会上通过的《中共中央关于全面深化改革若干重大问题的决定》明确提出了要"统筹服务设施网络建设，促进基本公共文化服务标准化、均等化"③；其次，2008年10月，由国家标准化管理委

---

① 国家"十一五"时期文化发展规划纲要(全文)[EB/OL].[2014-04-10]. http://culture.people.com.cn/GB/22226/71018/4814170.html.

② 中华人民共和国文化部. 文化标准化中长期发展规划(2007—2020)[EB/OL].[2014-04-10]. http://zwgk.mcprc.gov.cn/auto255/200708/t20070806_21021.html.

③ 中共中央关于全面深化改革若干重大问题的决定[EB/OL].[2014-04-10]. http://www.chinanews.com/gn/2013/11-15/5509681_11.shtml.

员会批准,成立了图书馆行业专门的标准化组织——全国图书馆标准化技术委员会(简称“图标委”),负责“图书馆管理、服务,图书馆古籍善本的定级、维修、保护,图书馆环境等领域标准化工作”[①];第三,图书馆标准规范项目研究纷纷开始进行,一些标准规范制定完成,如图标委成立以来,立项和制定的国家标准有 13 项、文化行业标准 26 项,其中仅 2012 年就有 17 项,同时还承担了 8 项标准化科研项目。由此可见,从图书馆标准发展规划的制定、图书馆行业专门的标准化组织的成立,以及图书馆标准的制定、立项和标准化科研项目的开展[②]来看,近几年我国图书馆标准规范方面的工作取得了一定的成绩,对于指导和规范图书馆工作,促进图书馆事业健康发展起到了积极的推动作用。

但是,我国图书馆行业在标准规范方面仍然存在诸多问题,如标准规范体系不够完善、管理混乱、缺乏统一规划、标准规范研制工作重复立项等。另外,随着“全国图书馆数量逐年增加,设施网络逐步完善,文献资源日益丰富”[③],我国图书馆事业的快速发展对图书馆的标准化和规范化提出了新的要求;加之网络技术、无线射频识别技术、新媒体技术等现代信息通信技术在图书馆中的应用,为图书馆标准化工作提供了新的领域。因此,我国图书馆行业仍然有许多标准需要制定,标准化工作仍有许多问题亟待解决。

国际标准化组织(ISO)是负责制定重要领域的国际标准、协调世界范围内标准化工作的权威性国际组织,是世界上最大的国际标准制定者与发布者,是联合国的甲级咨询机构。ISO 设有负责图书馆相关标准的机构,目前 ISO 已经制定/修订了两百多项图书馆相关标准,对其成员国及世界范围内图书馆标准化工作和图书馆事业产生了重要的指导意义。

---

① 图标委简介[EB/OL].[2014-04-10]. http://www.nlc.gov.cn/tbw/index.htm.

②③ 全国图书馆标准化工作“十二五”规划纲要[EB/OL].[2014-04-09]. http://www.nlc.gov.cn/tbw/bzwyh_gywm.htm.

国际图书馆协会与机构联合会(IFLA, International Federation of Library Associations and Institutions,简称“国际图联”),是联合各国图书馆协会、学会共同组成的一个机构,是世界图书馆界最具权威、最有影响力的非政府的专业性国际组织。IFLA 最早开展的图书馆标准化工作可以追溯到 1961 年与联合国教科文组织共同促成第一个国际性的编目原则声明——《巴黎原则》(*Paris Principles*)的制定①。截至目前,IFLA 已在图书馆采访、编目、服务、信息资源的长期保存、古籍保护等多个领域制定了百余项标准,其中大部分在国际图书馆界产生了深远影响。

因此,本研究拟以 ISO 和 IFLA 的图书馆标准规范为研究对象,调查、整理 ISO 和 IFLA 制定/修订的各类标准规范的情况及其历史沿革,系统总结 ISO 和 IFLA 制定/修订的图书馆标准规范体系结构,明确其涉及的重点领域及相关的工作机制,从而为我国图书馆标准化工作的体系化、制度化建设提供参考借鉴。在此基础上,本研究将总结、分析目前我国图书馆标准规范的现状,在总结取得成就的同时,从图书馆标准规范体系和图书馆标准化工作机制两方面与 ISO 和 IFLA 进行对比,分析当前我国图书馆标准化工作中存在的问题,为未来的工作实践及研究提供针对性的建议。

1.2 国内外研究现状述评

1.2.1 ISO 标准规范体系研究现状

目前,国内关于 ISO 图书馆标准规范体系架构的专门研究成果暂未查见,所能查到的相关专著较少,其中较为相关的是张红霞所著的

---

① 林明,王绍平,刘素清. 国际编目原则声明(草案)——2003 年在德国法兰克福召开的 IFLA 国际编目规则第一次专家会议通过[J]. 大学图书馆学报,2005(2):71.

《图书馆质量评估体系与国际标准》①，但也仅从图书馆质量评估体系的角度研究了 ISO 标准，而未对 ISO 的整个图书馆标准体系进行研究。

为扩大检索范围，我们以“篇名 = ISO and 图书馆”为检索词在 CNKI 里进行精确匹配题名检索，得到相关文献 149 篇，其中包含期刊论文 139 篇，硕士论文 6 篇，会议论文 4 篇。从研究内容上看，所得文献绝大部分都集中于 ISO 9000 和 ISO 9001 质量管理体系在我国公共图书馆、高校图书馆应用的探讨上，这一情况从 2000 年到 2012 年均是如此，仅有少量文章将关注点放在具体的某项标准上，例如《图书馆统计国际标准 ISO 2789:2006 解读》②《国际标准图书馆标识(ISO 15511 – ISIL)与中国图书馆代码应用方案探讨》③《ISO 将发布国家图书馆绩效指标》④等。可见，目前国内关于 ISO 图书馆相关标准的研究视角还比较单一，主要都集中在 ISO 的质量管理体系在我国图书馆的应用方面。

用检索词“图书馆 + 标准”在 CNKI 中进行题名检索，进一步调研国内有关图书馆标准的研究论文发现相关主题的论文数量较大，共得到 610 篇相关文献。研究内容涉及面广，但主要是针对某一具体方面的标准，例如图书馆服务评价标准、图书馆评估标准、数字图书馆相关标准、数字参考咨询标准、技术标准、图书馆建设标准、图书馆管理标准、编目工作标准等，直到 2005 年后才开始有学者关注标准规范体系的问题，并且主要研究的热点是 ISO 9000 质量标准体系在图书馆管理中的应用、图书馆评估指标体系、数字图书馆的相关标准体系等。

---

① 张红霞. 图书馆质量评估体系与国际标准[M]. 北京：国家图书馆出版社，2008：1—264.

② 张红霞. 图书馆统计国际标准 ISO 2789:2006 解读[J]. 新世纪图书馆，2010(1)：9—10.

③ 董曦京. 国际标准图书馆标识(ISO 15511-ISIL)与中国图书馆代码应用方案探讨[J]. 现代图书情报技术，2010(3)：1—7.

④ 张红霞. ISO 将发布国家图书馆绩效指标[J]. 中国图书馆学报，2008(6)：18.

2010 年开始有学者研究高校图书馆的服务标准指标体系①,2012 年有研究涉及了公共图书馆服务标准体系的构建②。目前从宏观角度研究整个图书馆的标准规范体系构建的文章仅有三篇,其中两篇只是简单地讨论到了图书馆标准规范体系发展的现状、遇到的瓶颈以及标准规范体系建设方案的可行性分析,内容比较简单,分析不够深入③④;另一篇探讨的是我国基层图书馆标准规范体系,较深入地研究了基层图书馆标准规范体系的构建原则及特点、标准规范体系结构及构建机制,具有一定的参考价值⑤。

在科研项目方面,2011 年国家社科基金项目中,图书情报与文献学类目下有关标准规范的研究共 4 个项目,其中关于标准体系的研究项目有 1 个,是中国科学技术信息研究所的"我国文献信息标准体系框架研究"。2012 年国家社科基金项目中,有关标准规范的研究共有 6 个项目,主要都是关于具体工作的标准体系研究,如"中文知识组织系统形式化语义描述标准体系研究""我国非物质文化遗产建档标准体系研究",稍微宏观一些的是国家图书馆的立项项目"我国数字图书馆标准规范体系及构建机制研究"。

由上可知,目前国内关于 ISO 图书馆相关标准的研究角度不够全面,从整体出发对 ISO 有关图书馆的标准规范体系框架方面的研究还非常薄弱,即使是关于图书馆标准的研究也大都是针对具体细分领域的研究,对于体系的构建、标准制定/修订的工作机制等内容的研究还

---

① 张健. 高校图书馆服务标准指标体系研究[J]. 成都大学学报(社会科学版),2010(4):81—83.

② 王雪超. 公共图书馆服务标准体系构建探析[J]. 新世纪图书馆,2012(8):50—55.

③ 朱辰痛. 图书馆标准规范体系研究[J]. 图书馆论坛,2012(28):253—255.

④ 董敏斐. 图书馆标准化体系建设初探[J]. 河南图书馆学刊,2006,26(1):13—19.

⑤ 王秀香,申晓娟,李国俊. 我国基层图书馆标准规范体系构建[J]. 图书情报工作,2012,56(21):27—31.

十分缺乏。

在对 ISO 图书馆标准规范体系的研究方面，国外的专门项目很少，但对于 ISO 图书馆标准的研究文章相对较多。通过“TI(ISO)AND SU(library)”在数据库 LISA(Library and Information Science Abstracts)和 Web of Science 中进行检索、筛选后发现，有关该主题的文献共有 59 篇。在研究内容方面，学者们的研究热点是各类型图书馆的质量指标和绩效评估、馆际互借和文献传递标准、RFID 在图书馆中的使用。同时也有学者对元数据、ISBN 标准、信息素养指标进行了研究。尽管相关研究涉及的主题领域不一，但总体来看，对以上主题领域的研究多是围绕 ISO 的某项具体标准来开展的，其中 ISO 9000、ISO 9001、ISO 9002 的研究频率较高，其他如 ISO 11620 图书馆绩效指标、ISO 2789 国际图书馆统计标准也偶有学者开展研究。可以说，目前国外关于对 ISO 制定/修订的图书馆标准规范的研究中，无论是标准化的科研项目，还是零散的研究文章，几乎都是对具体标准的研究，而从横向、纵向上对 ISO 图书馆标准规范体系和图书馆标准化工作机制的研究则很少。

1.2.2 IFLA 标准规范体系研究现状

国内对 IFLA 标准规范的研究论文较少，并且基本都是对相关指南的介绍，或是在介绍的基础上探讨这些指南对我国的启示，就内容来讲，主要集中在 IFLA 标准规范中有关图书馆编目、数字参考咨询、特殊人群服务以及图书馆评估四大方面。在对 IFLA 有关图书馆编目的标准指南的研究中，孙更新、张兰在他们的文章中介绍了《国际图联编目原则》产生的背景、主要内容、主要特点，并论述了目前国内的研究概况，同时分析了原则“强调目录为用户提供便利、拓宽适用范围、吸纳编目理论之精华、提出五项目录功能、增加修改检索点的规定”的 5 个特点①；柯平、曾伟忠则从国际图联颁布的《国际编目原则声明》(*Statement of*

① 孙更新，张兰.《国际图联编目原则》及其研究进展[J]. 新世纪图书馆，2011(3):15—18.

International Cataloguing Principles，简称 SICP）、《国际标准书目著录》（*International Standard of Bibliographic Description*，简称 ISBD）、《书目记录的功能需求》（*Functional Requirements for Bibliographic Records*，简称 FRBR）、《虚拟国际规范文档》（*Virtual International Authority File*，简称 VIAF）、《规范记录功能需求》（*Functional Requirements for Authority Records*，简称 FRAR），以及 AACR 修订联合执导委员会颁布的《资源描述与检索》（*Resource Description and Access*，简称 RDA）这 6 个方面来论述 21 世纪 IFLA 在文献信息编目领域所进行的创新①；尚海永详细介绍了 FRBR 的概念及发展历史，从 FRBR 的价值及在我国的应用两个方面对其进行了分析研究②，而刘素清则从 FRBR 的基本理念，它对现行编目理论（ISBD/AACR/MARC）和实践的影响，以及 FRBR 的应用 3 个角度进行了阐述和研究③；胡小菁概述了 IFLA 编目部的"国际编目条例"计划，分析了计划产生的背景，介绍为实施此计划而在世界范围内召开的编目专家会议，着重介绍用于取代《巴黎原则》的《国际编目原则声明》，提出国内应该以参与这一计划为契机，改变编目规则不统一的现状，促进国内外书目资源的共享④。在 IFLA 数字参考咨询相关指南的研究方面，冯洁音介绍了《IFLA 数字参考咨询指南》的形成过程和主要内容，并以上海图书馆"网上联合知识导航站"的工作实践为例，分析国内图书馆数字参考咨询的现状，探讨其在中国图书馆的可行性和指导意义⑤；方小玲详细阐述为管理者所制定的数字参考

① 柯平，曾伟忠. 21 世纪国际图联（IFLA）文献信息编目创新的研究[J]. 图书馆，2007（6）：17－21.

② 尚海永. IFLA-FRBR 书目记录的功能需求分析[J]. 大学图书情报学刊，2007，25（2）：52—54.

③ 刘素清. IFLA 书目记录功能需求（FRBR）初探[J]. 大学图书馆学报，2004（6）：65—69.

④ 胡小菁. IFLA 的"国际编目条例"计划[J]. 图书馆，2005（5）：62—64.

⑤ 冯洁音.《IFLA 数字参考咨询指南》及其应用[J]. 江西图书馆学刊，2007，3（1）：85—87.

咨询管理政策的内容，包括计划、人员配备、培训、界面设计、法律问题、宣传、评估以及为数字参考咨询从业者制定的指导方针的内容，以期为数字参考咨询从业者提供指导[①]。在研究 IFLA 特殊人群服务的相关指南方面，王素芳从管理和经费保障、平等便利的服务原则、物理环境、馆藏建设、服务活动、人员要求、宣传和交流等几个角度分析了图书馆对监狱服刑人员、病人群体、听觉障碍群体、诵读障碍群体的服务政策[②][③]；曹雪则阐述了 IFLA 特殊群体用户指南的研究内容及对我国图书馆界的启示，并从物理环境、馆藏资源、服务项目和宣传交流等方面，为国内图书馆开展特殊群体服务提出对策[④]。在图书馆评估方面，有学者就分析了 ISO 和 IFLA 所制定的图书馆绩效评估指标体系的形成和发展过程，对比分析了这两大指标体系的异同，得出了关于建设我国图书馆绩效评估体系的几点启示[⑤]。

总体来讲，国内针对 IFLA 标准规范的研究少并且还停留在介绍的层面，整体上 IFLA 标准规范体系的文章相当缺乏。

为了解国外的相关研究现状，我们用检索式“TI(IFLA) AND SU((standard OR guideline))”在数据库 LISA(Library and Information Science Abstracts)和 Web of Science 中进行检索，共得到相关文献 60 篇。从 1969 年至 2012 年，学者们针对 IFLA 在图书馆服务、图书馆管理、图书馆编目、书目控制、参考咨询、文献传递等方面的标准指南进

---

① 方小玲. IFLA 关于数字参考咨询的指导方针[J]. 图书情报工作，2005，49(11)：146—149.

② 王素芳. IFLA 弱势人群服务图书馆专业组制定的服务政策及对我国的启示(上)[J]. 图书馆，2006(6)：17—21.

③ 王素芳. IFLA 弱势人群服务图书馆专业组制定的服务政策及对我国的启示(下)[J]. 图书馆，2007(1)：29—32.

④ 曹雪. 图书馆特殊群体用户服务研究——基于 IFLA 专业报告用户服务指南[J]. 情报探索，2012(10)：115—117.

⑤ 奉永桃，张洪铭. ISO 和 IFLA 图书馆绩效评估指标体系比较研究[J]. 图书馆论坛，2012，32(4)：144—148.

行了研究分析,研究文献的具体年份分布及趋势见表 1－1 及图 1－1。

表 1－1 国外 IFLA 标准规范研究论文发表年份分布

年份	1969—1973	1977—1980	1982—1989	1991—1996	1999—2002	2003—2007	2008—2012
数量(篇)	7	7	6	8	10	8	14
占比	11.67%	11.67%	10%	13.33%	16.67%	13.33%	23.33%

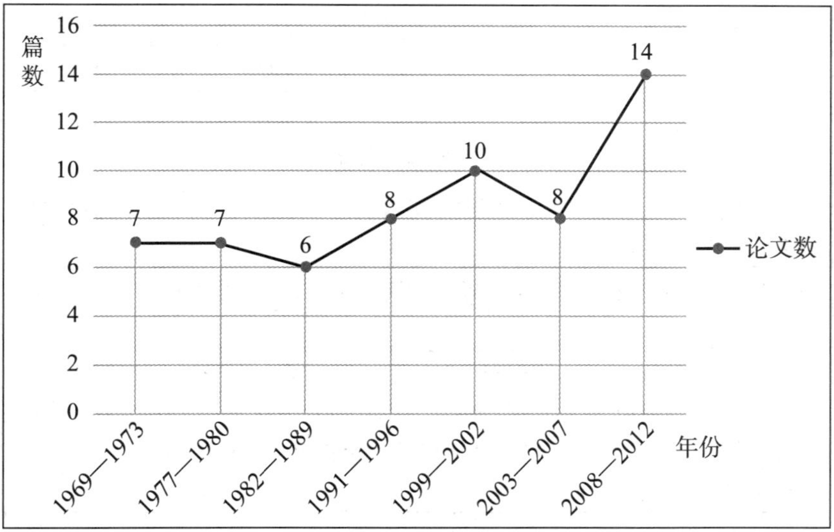

图 1－1 国外 IFLA 标准规范研究论文发表年份分布趋势图

从图 1－1 中可以看出,国外对 IFLA 相关标准指南的研究开始于 1969 年,发文量总体上保持着比较平稳的增长趋势,但文章总量并不多。进入 21 世纪的前 12 年间,相关研究论文总量比之前略有增加,但总体上基本持平。值得注意的是,2000 年以前,论文发布的国家和机构主要集中于美国、法国以及 IFLA 组织内部的成员,而 2000 年后,除了之前的研究主力继续深入研究外,开始有亚洲国家如日本、中国,欧洲国家如克罗地亚、捷克斯洛伐克、德国等加入研究的队伍,探索 IFLA 的相关标准指南对于自己国家图书馆标准化工作的指导和借鉴①②③④。

表 1－2　国外 IFLA 标准规范研究论文关键词及频次排名

关键词	频次	关键词	频次
IFLA	41	技术服务、标准	11
指南	24	信息存储与检索、信息工作、用户服务	10
国际标准	20	书目描述	8
公共图书馆	14	联合国教科文组织	7
编目	13	书目控制	6
ISBD	12	书目记录	4
其他低频关键词			
多元文化、图书馆管理、评估、馆际互借、国际组织、图书馆协会、作者编目、FRBR、学校图书馆			
电子化书目记录、规范文档、电子媒体、传真发送、国际书目控制、学术图书馆、MARC、编码			
日本图书馆、馆员、民族、儿童、青少年、网上参考咨询、电子邮件、文献传递、最佳实践、国家图书馆、元数据、USMARC、信息入口、因特网、连续出版物、定义、比较、表现评估、ISO、视听资料、交换格式、UNIMARC、发展中国家、标题格式、机构图书馆、医院图书馆			

① Kanoda Y. Some Thoughts on Future Vision of Japan Library Association and Better Use of Certified Professional Librarians—Referring to IFLA Guidelines [J]. The Library Journal, 2012, 106(6): 395—397.

② Stasselova S. Multicultural Communities: Guidelines for Library Services-A Summary [J]. Kniznica, 2012, 13(2): 3—5.

③ Plassard M F. IFLA-in ODGOVOR-The IFLA response [J]. Vjesnik Bibliotekara Hrvatske, 2003, 46(1—2): 44—49.

④ Das IFLA Internet-Manifest-The IFLA Internet Manifesto [J]. Bibliotheksdienst, 2002, 36(6): 747—749.

从表1-2可以看出,国外有关IFLA标准指南的研究论文涉及的方面较多,除了"IFLA""指南""标准"3个检索词外,其他高频关键词主要集中在国际标准、图书馆服务、书目相关指南三大方面。同样以2000年为分界点,2000年以前,研究内容主要集中于编目原则、编目工作、书目控制等这类图书馆具体业务方面的标准指南,而在此之后,学者们除了依然关注书目和编目方面相关的问题,图书馆服务包括公共图书馆服务、学校图书馆服务、少年儿童图书馆服务、参考咨询、文献传递等议题也得到了大量的关注。

在国际标准方面,不少学者将IFLA的标准与其他国际上通行的标准进行比较研究,例如将《国际标准书目著录》(*International Standard Bibliographic Description*,简称ISBD)与《英美编目条例》(*Anglo-American Cataloguing Rules* 2,简称AACR2)以及德国的《描述性编目规则》(*Regeln fur die alphabetische Katalogisierung*,简称RAK)进行比较分析[①][②]。在图书馆服务方面,有文章专门探讨IFLA有关图书馆为青少年、儿童、学校服务的指南,讨论其缘由及意义[③][④];也有学者研究IFLA有关虚拟参考咨询的指南,评估哪些图书馆遵守了指南

---

① Karrow W R. Multi-national Cataloguing Rules and IFLA Recommendations: 3. Innocent Pleasures: ISBD (CM), AACR2, and Map Cataloguing. Part 2 [EB/OL]. International Cataloguing, 1983, 12 (2). [2016-05-10]. http://search.proquest.com/docview/57102913? accountid = 13151.

② Bouvier I. Multi-national Cataloguing Rules and IFLA Recommendations. 1 ISBDs and RAK[EB/OL]. International Cataloguing, 1982, 11(4). [2016-05-10]. http://search.proquest.com/docview/57102913? accountid = 13151.

③ Anon. The IFLA/UNESCO School Library Guideline[J]. Kniznica, 2011, 11(11—12): 4—15.

④ Anon. Guideline for Library Services for Young Adults[J]. Kniznica, 2011, 12(1): 6—11.

而取得更好的服务效果[1];同时有研究也详细介绍 IFLA 有关发送馆际互借请求的指南,指出指南给已有的国际或区域的馆际互借实践很好的支持和指导,提高了图书馆的工作效率[2]。IFLA 有关书目工作的指南是学者关注较多的方面,有学者详细地阐述了《书目记录的功能需求》(*Functional Requirements for Bibliographic Records*,简称 FRBR)的诞生过程以及该标准所包含的内容,并与 AACR 和都柏林核心集(Dublin Core,简称 DC)对比研究,指出 IFLA 未来可以增加对规范记录的关系互引方面的研究,考虑互联网文本的记录问题[3];有学者详细介绍了 ISBD 的来源和发展历史,其修订的过程及程序,并且详尽地阐述了 IFLA 在 1970 至 1980 年这 10 年间为 ISBD 所做的工作,尝试给 ISBD 在实际业务中的表现一个评估[4][5][6];也有一些研究关注到了 IFLA 在非书资料标准方面所做的工作[7]。此外,一部分文章也对图书馆服务

---

① Shachaf P, Horowitz M S. Virtual Reference Service Evaluation: Adherence to RUSA Behavioral Guidelines and IFLA Digital Reference Guidelines[J]. Library & Information Science Research, 2008, 30(2): 122—137.

② Gould S. Sending ILL Requests by E-mail: a Discussion and IFLA Guidelines [J]. Interlending & Document Supply, 2000, 28(2): 73—78.

③ Madison O. The IFLA Functional Requirements for Bibliogtaphic Records: International Standards for Universal Bibliographic Control[J]. Library Resources and Technical Services, 2000, 44(3): 153, 159.

④ Anderson D. IFLA's Programme of ISBDs(International Standard Bibliographic Descriptions)[J]. IFLA Journal, 1978, 4(1): 26—33.

⑤ Verona E. A Decade of IFLA's Work on the Standardization of Bibliographic Description[J]. IFLA Journal, 1980, 6(3): 216—233.

⑥ Byrum J. The Birth and Re-birth of the ISBDs: Process and Procedures for Creating and Revising the International Standard Bibliographic Descriptions[J]. IFLA Journal, 2001, 27(1): 34—37.

⑦ IFLA International Office for UBC. IFLA's Involvement in the Bibliographic Standardization of Audio Visual and Non-book Material[J]. IFLA Journal, 1979, 5(1): 30—34.

的评估有所研究，其中一篇文章在详细地介绍了 IFLA 的《公共图书馆标准》以及中国省级公共图书馆标准的基础上，指出了两者在关注用户、加强服务评估、强调用户教育等方面的共识，也指出中国的标准更关注投入这个层面，而欧美的标准则更关注服务和图书馆的表现，同时，中国标准更强调图书馆的社会角色以及获得政府支持和认可的重要性，并且中国标准在新技术的应用上比 IFLA 的标准有更深的描述，包括数据库的建设、数字化以及网络资源的质量等①；有学者介绍了 IFLA《学术图书馆表现评价指南》(*Guideline for Performance Measurement in Academic Libraries*)的研制背景、指南的目标和任务、有关图书馆表现评价的指标等，并且将 IFLA 的指南与现有的包括 ISO 11620 标准进行了对比分析，指出了这些标准对于提高学术图书馆服务和管理质量的有效性和对于开发决策支持系统的重要帮助②。

总体来讲，国外对 IFLA 图书馆标准规范的研究涉及的方面广泛，对部分标准的研究细致深入，但更多也还是对单项标准指南，或是某个细分领域的标准指南（如编目方面的标准）进行研究，鲜有从整个图书馆标准规范体系这个层面去分析。

1.3 研究框架与方法

本研究将首先阐述标准化的相关理论，界定相关概念，明确标准规范体系及图书馆标准规范体系的构成要素，为 ISO 和 IFLA 图书馆标准规范的分析提供理论基础。其次，分别论述分析 ISO 和 IFLA 标准规范的情况，系统地分析其发展历程、主要成果、主题内容、研制重

① Lynch B, Yang W X. Evaluation of Public Libraries: The 2001 IFLA Standards and the 2003 Standards for Provincial Libraries in China[J]. Libri, 2004, 54(3): 179—189.

② Boekhorst P. Measuring Quality: The IFLA Guidelines for Performance Measurement in Academic Libraries[J]. IFLA Journal, 1995, 21(4): 278—281.

点领域等,并构建 ISO 和 IFLA 的图书馆标准规范体系结构。本研究还将进一步总结分析 ISO 和 IFLA 图书馆标准化工作机制,包括管理体制、运营机制和工作规划等方面。最后,结合我国的图书馆标准化现状,将 ISO 和 IFLA 图书馆标准化工作与我国的相关工作进行比较研究,据此对我国的标准化工作提出意见与建议。

本研究所采用的研究方法主要有以下几种。

(1)文献调查法

包括调查、收集有关 ISO 和 IFLA 图书馆标准规范及其管理机制和工作机制的专著、学术论文等研究成果;浏览、搜集、整理 ISO 和 IFLA 官方网站呈现的、权威媒体报道的相关标准规范信息;收集有关 ISO 和 IFLA 图书馆标准规范的年鉴、公报或年度总结性文章。

(2)历史研究法

运用历史材料,按照历史发展的顺序对 ISO 和 IFLA 图书馆标准化工作的发展历程进行了系统研究。

(3)案例研究法

在对 IFLA 标准规范体系的研究中,以 ISBD 为例,分析了 IFLA 图书馆标准化工作及运营机制,其中运营机制是分析重点。

(4)比较分析法

比对 ISO 和 IFLA 相对完善的图书馆标准规范体系和标准化工作机制,找出目前我国图书馆标准化工作中存在的不足,分析得出对我国图书馆标准化建设的启示。

2 图书馆标准化与标准体系

2.1 标准及标准化

2.1.1 相关概念

1996 年国际标准化组织(International Organization for Standardization,简称 ISO)和国际电工委员会(International Electrotechnical Commission,简称 IEC)发布了 ISO/IEC 的第二号指南《标准化和相关活动的通用词汇》,该文件从标准的性质、目的、程序等方面将标准定义为:"为了在一定范围内获得最佳秩序,经协商一致制定并由公认机构批准,共同使用和重复使用的一种规范性文件。"①

WTO/TBT(技术性贸易壁垒协议)规定:"标准是被公认机构批准的、非强制性的、为了通用或反复使用的目的,为产品或其加工或生产方法提供规则、指南或特征的文件。"②这一定义可认为是 WTO 为标准所下的定义。

2002 年我国颁布的国家标准《标准化工作指南第 1 部分:标准化和相关活动的通用词汇》(以下简称《工作指南》,标准号为 GB/T 20000.1—2002)则基本采纳了 ISO/IEC 的定义,将标准定义为:"为了在一定的范围内获得最佳秩序,经协商一致制定并由公认机构批准,

---

① 标准 ISO/IEC GUIDE 2 - 1996[EB/OL].[2016 - 05 - 10]. http://www.zbgb.org/Fulltext653965.htm.

② 李春田. 标准化概论[M].5 版. 北京:中国人民大学出版社,2010:9.

共同使用和重复使用的一种规范性文件。”[①]《工作指南》同时指出标准宜以科学、技术和经验的综合成果为基础，以促进最佳的共同效益为目的。

虽然上述权威机构对标准的定义在表述上略有不同，但从不同侧面阐释了标准的本质内容和含义。第一，制定标准的目的是为了“获得最佳秩序”“最佳的共同效益”，也就是说，要促进标准实施的领域或系统内实现最佳程度的有序化，要使所有相关方的效益都实现最佳化，而不是仅仅满足某一方的利益；第二，标准是由公认的权威机构批准的。标准是经过协商一致制定的，代表了各相关方的利益，只有经过公认的权威机构批准，才能被社会各方接受，从而满足公众的利益；第三，标准制定的对象是能“重复使用”“反复使用”的事物或者概念，事物具有重复性才有制定标准的必要性，对重复的事物制定标准的目的是总结以往的经验，选择最佳方案，作为今后实践的依据，这样既可最大限度地减少不必要的重复劳动，又能扩大“最佳方案”的重复利用范围和次数[②]；第四，标准的性质是“一种规范性文件”“规则、指南或特征的文件”，即标准本质上是为具体行为或者过程提供规范和指南的。

在标准化的概念方面，1961年，国际标准化组织标准化原理研究委员会通过的ISO第二号指南对标准化的定义为：“标准化是为了所有有关方面的利益，特别是为了促进最佳的全面经济并适当考虑到产品使用条件与安全要求，在所有有关方面的协作下，进行有秩序的特定活动而制定并实施各项规则的过程。”[③]

根据国际标准化组织以及国际电工委员会发布的ISO/IEC第2

① 中华人民共和国国家质量监督检验检疫总局，国家标准化管理委员会. 标准化工作指南第1部分：标准化和相关活动的通用词汇[S]. 北京：中国标准出版社，2009：229.

② 李春田. 标准化概论[M]. 北京：中国人民大学出版社，1982：9.

③ 赵全仁，崔壬午. 标准化词典[M]. 北京：中国标准出版社，1990：12.

号指南《标准化和相关活动通用词汇》，我国国家标准 GB/T 20000.1—2002 对标准化的定义为："为了在一定范围内获得最佳秩序，对现实问题或潜在问题制定共同使用或重复使用的条款的活动。"①标准化活动主要指制定、发布和实施标准的过程。

由此可以看出标准化本质是一项活动，其目标是在一定范围取得最佳秩序，而采取的方法是制定共同使用和重复使用的条款。从某种意义来讲，标准是静态的文本或规则，而标准化则是动态的活动和过程。

2.1.2 标准的分类与级别②③④

标准的种类繁多，从不同的角度切入就有不同的划分方法。按标准是否具有强制力来分，可分为强制性标准和自愿性标准，前者是指在一定范围内，通过法律或行政等手段强制使用和保证实施的标准，各国通常是把涉及人身安全、卫生、环保等方面的标准作为强制性标准；后者也称为推荐性标准，它不是靠国家强制力来推行实施的标准，而是由市场推动和企业自主选择采用，如果相关机构没有声明使用这类标准，则即使违反也无须承担经济法律责任，但一旦承诺使用，就必须严格执行。通常来说，在产业竞争和市场调节的领域，往往采用自愿性标准。按标准化的对象来分，通常分为技术标准、管理标准和工

① 中华人民共和国国家质量监督检验检疫总局，国家标准化管理委员会. 标准化工作指南第1部分：标准化和相关活动的通用词汇[S]. 北京：中国标准出版社，2009：227.

② 李春田. 标准化概论[M]. 5版. 北京：中国人民大学出版社，2010：19—32.

③ 百度百科. 标准种类[EB/OL]. [2014-04-11]. http://baike.baidu.com/link?url=pz-ayvBHBAdsV8P0kKL-gi9lSfgjtBV1kCEf6DllhCMh-wcP073KN-hLtLPF3jQjjc0t9e0W7Nk-pF8K3BWoz_.

④ 百度百科. 国家标准分类[EB/OL]. [2014-04-11]. http://baike.baidu.com/link?url=7qEjH2cXkUcCFuJt0HFkCa7IRSpNDduDVpCgJUxIy5ISZDMHeeO1JOdjUG3enUzD-gArXhXP4JNHycxjcoQhwq.

作标准。技术标准通常是根据实际生产技术活动的经验与总结,作为从事生产、建设及流通所共同遵守的技术依据,进一步细分包括基础性技术标准,产品标准,工艺标准,设备标准,安全、卫生、环保标准等;管理标准是为了让组织更好地实现管理职能,有效地开展工作而制定的标准,通常又可划分为五大类:管理基础标准、技术管理标准、生产经营标准、经济管理标准以及行政管理标准;工作标准是对工作范围、构成、要求、程序、效果及检验方法等所做的规定,工作标准的对象主要是人,一般根据岗位来制定。

按标准制定的主体划分,标准分为国际标准、区域标准、国家标准、行业标准、地方标准和企业标准。国际标准是指 ISO(International Organization for Standardization,国际标准化组织)、IEC(International Electrotechnical Commission,国际电工委员会)和 ITU(International Telecommunication Union,国际电信联盟)制定的标准,以及国际标准化组织确认并公布的其他国际组织制定的标准;区域标准则是指由区域标准化组织或区域标准组织通过并公开发布的标准;国家标准是由国家标准机构通过并公开发布的标准;行业标准是由行业组织通过并公开发布的标准;地方标准是在国家的某个地区通过并公开发布的标准。我国的标准级别分为国家标准、行业标准、地方标准和企业标准四级,国家标准的制定和发布由国家标准化管理委员会负责,行业标准则由国务院有关行政主管部门负责,地方标准由各省、自治区、直辖市的标准化行政主管部门负责,企业标准由企业自行制定发布,但企业产品标准要报当地标准化行政主管部门备案。

2.1.3 标准的形式

标准根据其文件形式的不同,主要包括标准、技术规范、规程、指南和技术报告几种形式。

(1)标准

标准是最基本的规范性文件形式,主要内容是对产品、过程、方法、概念等做出统一规定,作为共同使用和重复使用的准则。

ISO 的“标准”是指由 ISO 技术委员会和分技术委员会按照规定的程序制定，并经过成员团体和技术委员会的积极成员投票通过后，正式发布的文件。

（2）技术规范

技术规范指规定产品、过程或服务应满足的技术要求的文件。ISO 的“技术规范”（ISO/TS）是指在 ISO 技术委员会内部达成一致的文件。ISO 的技术委员会或分技术委员会批准某一新工作项目时，可决定将其制定为技术规范先行公布。

（3）规程

规程指为设备、构件或产品的设计、制造、安装、维护或使用而推荐惯例或程序的文件。

（4）指南

指南的特点是文件的内容不作为某一领域共同遵守的准则，而是作为一种专业或行业的指南、指导、倡导或参考，或作为企业（组织）内部的一种技术工具或管理工具。

（5）技术报告

技术报告的特点是对产品、过程等对象做出详尽的描述，特别是对有关特性给出各项技术数据。ISO 的“技术报告”（ISO/TR）是指 ISO 提供信息的文件。当 ISO 的技术委员会或分委会在制定国际标准的过程中，对某一项目已经做出文件，但还没有达成共识或没有获得国际标准发布所需要的支持时，经正式成员简单多数赞同，就可以将这些信息以技术报告的形式出版，供临时使用。技术报告发布后 3 年内，通过评审决定是否将其转为国际标准。

我国国家标准中的“国家标准化指导性技术文件”（GB/Z）就其文件形式而言，与技术报告类似[①]。

因此，本研究中所指的“标准规范”包含上述标准、技术规范、规程、指南和技术报告等形式。

---

① 李春田. 标准化概论[M]. 5 版. 北京：中国人民大学出版社，2010：30—31.

2.1.4 标准体系

我国国家标准《GB/T 13016—2009 标准体系表编制原则和要求》对标准体系的定义是："一定范围内的标准按其内在联系形成的科学的有机整体。"[①]标准体系的组成要素是标准，标准之间具有相互作用和相互依赖的关系，标准体系具有一般系统所具有的普遍特征，即整体性、集合性、目标性、可分解性、相关性和环境适应性。

国家标准体系通常以标准化法律法规为依据，由基本体系和推行体系两部分组成。基本体系即自愿性标准体系，是由供标准使用者自愿采用的标准构成的有机整体，是标准体系的主体，推行体系包括管理体制、运行机制、实施监督体系、保障体系和服务体系构成[②]。

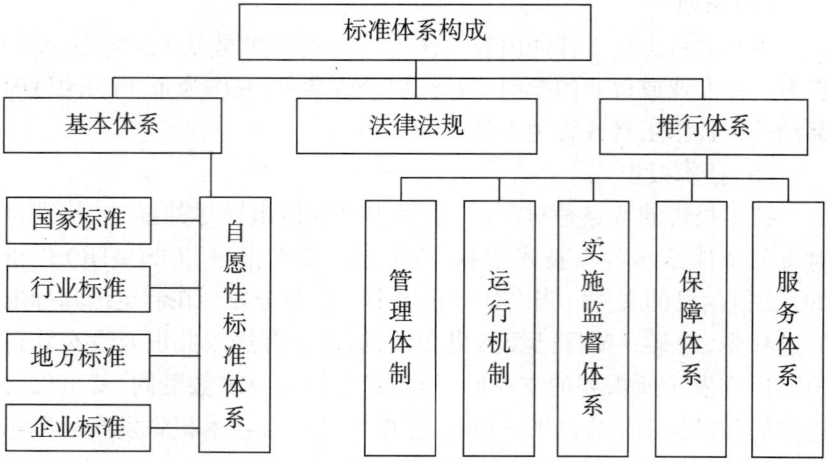

图 2－1　标准规范体系框架图

① 中华人民共和国国家质量监督检验检疫总局，国家标准化管理委员会. 标准体系表编制原则和要求[S]. 北京：中国标准出版社，2009：1.

② 中国标准化研究院. 国家标准体系建设研究[M]. 北京：中国标准出版社，2007：29.

2.2　图书馆标准化及图书馆标准规范体系研究

2.2.1　图书馆标准化

图书馆标准化是指图书馆为了提高工作和服务的水平，实现更广泛的信息交流，对图书馆业务、技术、管理、工作等方面实行统一的原则与规范的活动。标准化对图书馆有重要的意义。首先，标准化可以促进图书馆专业技术的提升与发展，图书馆工作中诸如编目、采访、用户服务等都有专业的技术要求，在长期的实践和积累中形成了统一的规范，提升了图书馆业务工作的水平，同时也为进一步改进相关技术和方法提供了广泛的实践基础；其次，标准化有助于提升服务水平，图书馆是一个公共文化机构，担负着公众服务和教育的职能，服务和建设的标准化不仅给图书馆一个良好的标杆，也方便对其进行评估，维持并推动更优质的服务；最后，标准化有助于图书馆实现更广泛的信息交流，例如统一的编目格式就让全世界的书目信息交换成为可能，而统一的工作服务规范也有助于图书馆联盟的形成，尽可能地利用有限的资源达到最优的效果。

2.2.2　图书馆标准规范体系

图书馆行业有着自己独特的内容与工作方法，在图书馆管理、文献资源建设、图书馆服务等方面都涉及相关的专业技术。历代图书馆人在实践的基础上，不断研究、提炼、总结，形成了图书馆行业广泛认同和共同遵守的标准规范。

基于标准的定义，本研究尝试为图书馆标准做出如下定义：图书馆标准是以科学和技术的综合成果为基础，为实现图书馆行业最佳秩序，经图书馆行业相关利益方协商一致制定并由公认机构批准，共同使用和重复使用的为图书馆管理和工作提供方法和依据的规则、指南和规范性文件。

图书馆标准规范体系就是图书馆领域的各类标准按其内在的联系形成的科学的有机整体。原则上,图书馆标准规范体系包括相关法律法规、基本体系即图书馆的业务工作标准体系和推行体系。根据图书馆的微观工作体系,图书馆业务工作标准体系又包含了基础标准、业务工作标准、管理标准、服务标准、建设标准五 5 个方面①。其中,基础标准主要是指图书馆为了实现图书馆自动化和畅通的信息的交流而采用的一些通用性的基础标准,例如术语、字符集、编码、协议、信息系统技术等;业务工作标准主要涉及图书馆信息收集、加工、保存保护等工作的标准,如资源采访与建设、资源加工、编目、资源保存与保护等;管理标准主要是指图书馆管理问题的规范统一,包括流程管理、设施设备管理、人员经费管理、安全管理、图书馆评估等;服务标准主要涉及图书馆面向用户提供服务方面的规范,如基础的流通阅览服务、馆际互借及文献传递服务、特殊人群服务等;建设标准主要涉及图书馆具体的规模分级以及选址、建筑设计要求、总面积及各阅览功能区域的面积分配、整体布局、内部设施设备等的标准。本研究主要关注的即是图书馆业务工作方面的标准体系。

① 王秀香,申晓娟,李国俊. 我国基层图书馆标准规范体系构建[J]. 图书情报工作,2012,56(21):27—31.

3 ISO 图书馆标准规范及其分析

ISO 是一个独立的非政府组织,是世界上最大的自愿性国际标准的制定者。其目的和宗旨是:在世界范围促进标准化工作的发展,进行世界性标准的审核和制定,以便于国际物资交流和服务,增进在知识、科学技术和经济领域的合作。其主要活动是制定国际标准,协调世界内的标准化工作,组织各成员国和技术委员会进行交流,与其他国际性组织进行合作共同研究有关标准化问题①。

ISO 还是一个国家标准机构的网络。成员是其国家最重要的标准机构,每个国家只允许有一个标准组织有资格以代表机构的地位成为 ISO 的成员,每个成员在 ISO 都代表着自己的国家。个人和企业是不能成为 ISO 的成员的。目前其成员主要有 3 种类型:正式成员、通讯成员和注册成员。每一种成员享有不同水平的权利,同时也对 ISO 产生不同程度的影响。这就使得 ISO 更加包容,能够认同每一个国家标准机构的不同需求和不同能力。

(1)正式成员:通过参与 ISO 技术会议和政策会议,并在会议上行使投票权,来影响 ISO 标准的制定。正式成员能在全国范围内出售并采用国际标准。

(2)通讯成员:作为观察者参加 ISO 的技术会议和政策会议,观察 ISO 标准和战略的发展情况。通讯成员也能在全国范围内出售并采用国际标准。

---

① 中国科学技术情报研究所. 国际标准化组织(ISO)[M]. 北京:科学技术文献出版社,1974:7.

(3)注册成员:坚持时时关注 ISO 的工作,但并不参与其中。注册成员不在全国范围内出售和采用国际标准[①]。

3.1 ISO 的起源与发展

1949 年,ISO 搬进了日内瓦狭小的私人房屋,拥有了第一间办公室。当时,中央秘书处只有 5 名工作人员[②]。

20 世纪 50 年代,ISO 的主要任务在于协调各国已有标准和制定少量基础标准,截至 50 年代末制定的标准不超过 100 项[③]。其中,ISO 的第一项标准(ISO/R 1:1951 Standard reference temperature for industrial length measurements)于 1951 年出版,自从那时开始,标准就开始经过多次更新,最终成为现在的:ISO 1:2002 Geometrical product specifications(GPS)—Standard reference temperature for geometrical product specification[④]。

20 世纪 60 年代,ISO 的工作有了突破,将更多的发展中国家囊括到了国际标准的工作中。到 60 年代末,ISO 发布的推荐标准已超过 1200 项[⑤]。1969 年,ISO 理事会决定把 10 月 14 日定为"世界标准日"[⑥],一直延续至今,每年的这一天,世界上很多国家都会开展各种各样的活动纪念 ISO 的成立。

---

① ISO members[EB/OL].[2014-04-11]. http://www.iso.org/iso/home/about/iso_members.htm.

② ISO's first office[EB/OL].[2014-04-11]. http://www.iso.org/iso/home/about/the_iso_story.htm#1.

③ 李春田.标准化概论[M].北京:中国人民大学出版社,1982:256.

④ ISO's First Standard[EB/OL].[2014-04-11]. http://www.iso.org/iso/home/about/the_iso_story.htm#2.

⑤ 李春田.标准化概论[M].北京:中国人民大学出版社,1982:257.

⑥ 夏宗辉,江良德,朱光德.国外标准指南[M].上海:上海科学技术出版社,1988:5.

20世纪70年代，ISO已有很大发展，ISO将推荐标准改为正式国际标准。1971年年底以前，ISO标准均以推荐标准（ISO recommendation, ISO/R）的形式颁布，即在标准号前冠以字母R。1972年1月起以国际标准形式颁布（ISO）①，目的在于鼓励各成员国采用国际标准，将国际标准作为国家标准。到1979年年底，ISO的正式成员已由最初成立时的25个发展为70个，另外还有17个通讯成员②。

到20世纪80年代，ISO发布的国际标准已超过4000项③。每年有来自世界各地的20 000多名专家参加技术工作④，一年中每个工作日平均有9次技术委员会、分委会或工作组会议⑤，ISO已与约250个国际组织建立了合作关系⑥。

20世纪90年代以后，ISO进入了持续迅速发展阶段。截止到2013年12月底，ISO标准数量总数为19 977项，几乎覆盖了技术和商业等所有领域。其中，最著名的标准是管理体系标准，如ISO 9000质量管理、ISO 14000环境管理、ISO 22000食品安全管理、ISO 50001能源管理和ISO 27001信息安全管理等⑦。2013年，ISO的成员国已发展到164个，其中正式成员114个、通讯成员46个、注册成员4个；有100 000名来自各国的专家参与ISO的技术工作，技术委员会下设立

---

① 夏宗辉，江良德，朱光德. 国外标准指南[M]. 上海：上海科学技术出版社，1988：7.

② （印）魏尔曼博士. 标准化是一门新科学[M]. 中译本. 北京：科学技术文献出版社，1980：430.

③ 李春田. 标准化概论[M]. 北京：中国人民大学出版社，1982：257.

④ 夏宗辉，江良德，朱光德. 国外标准指南[M]. 上海：上海科学技术出版社，1988：2.

⑤ （印）魏尔曼博士. 标准化是一门新科学[M]. 中译本. 北京：科学技术文献出版社，1980：432.

⑥ （印）魏尔曼博士. 标准化是一门新科学[M]. 中译本. 北京：科学技术文献出版社，1980：152.

⑦ Management System Standards[EB/OL]. [2014-04-11]. http://www.iso.org/iso/home/standards/management-standards.htm.

了 3483 个技术机构，其中技术委员会 236 个、分委会 508 个、工作组 2564 个、特别研究组 175 个，这些技术机构与 649 个国际组织保持工作联系；2013 年 ISO 在 48 个国家共召开了 1982 次技术会议，平均每个工作日有 19 次会议①。

我国是 ISO 的创始国之一。1944 年中国是 UNSCC 发起国之一，1946 年 10 月中国出席了在伦敦召开的 25 国会议，1947 年 ISO 宣布成立后，中国成为 ISO 正式成员。1950 年被停止会籍。1978 年，中国标准化协会（China Association for Standardization，简称 CAS）正式加入了 ISO，恢复成员国资格。2008 年 10 月，在第 31 届国际标准化组织大会上，中国正式成为 ISO 的常任理事国②。目前，在 ISO 中代表我国的组织为中国国家标准化管理委员会（Standardization Administration of the People's Republic of China，简称 SAC），参与了 ISO 中 54 个技术委员会（或分委会）和 86 个工作组的技术工作。

在图书馆的相关标准制定方面，ISO 中负责制定图书馆相关标准的机构主要有两个，一是 TC46（Technical Committee 46）信息与文献技术委员会，一是 TC171 文献管理应用技术委员会。

TC46 信息与文献技术委员会成立时间较早，创建于 1947 年，秘书处现设在法国（法国标准化协会）。TC46 信息与文献技术委员会的标准化工作涉及图书馆、档案馆、博物馆、出版社、文献信息中心等信息活动相关的机构③。TC46 信息与文献技术委员会下设 5 个分委会，分别为 SC4（Subcommittee 4）技术互操作分委会、SC8 质量统计和绩效评估分委会、SC9 标识和描述分委会、SC10 文献存储要求与保存条件

① ISO in Figures for the Year 2013[EB/OL].[2014 - 04 - 11]. http://www.iso.org/iso/home/about/iso-in-figures.htm.

② 国际标准化组织 - ISO 常识[EB/OL].[2014 - 04 - 11]. http://www.baike.com/wiki/ISO.

③ ISO/TC 46 Information and Documentation[EB/OL].[2014 - 04 - 11]. http://www.iso.org/iso/home/standards_development/list_of_iso_technical_committees/iso_technical_committee.htm? commid = 48750.

分委会和 SC11 档案/记录管理分委会。5 个分委会分别开展相关领域的标准研究及制定/修订工作。

TC171 文献管理应用技术委员会,原名为“缩微摄影技术委员会”,最初为 TC46 下的一个分委会,于 1979 年从 TC46 中独立出来,演变发展为现在的 TC171 文献管理应用技术委员会。TC171 负责文献管理领域内质量控制和完整性维护的标准化工作,主要包括缩微摄影技术标准、电子文献管理标准、电子成像标准等。TC171 下设 SC1 质量、SC2 应用问题、SC3 一般问题 3 个分委会。

此外,ISO 与 IEC 成立的 JTC1 联合技术委员会,TC37 术语、其他语言及内容资源技术委员会,TC42 摄影技术委员会等其他技术委员会也会发布涉及图书馆的标准规范。

3.2 ISO 图书馆标准规范的现状分析

截至 2014 年 3 月底,ISO 的图书馆标准规范总量达到 220 项,其中已发布实施的标准共 188 项,这其中包括现行标准 170 项(见附录 1)、修订中标准 18 项(见附录 2)、制定中的标准 32 项(见附录 3)。由 TC46 信息与文献技术委员会制定/修订的标准共 132 项,由 TC171 文献管理应用技术委员会制定/修订的标准共 88 项。另外,其他技术委员会制定/修订的相关图书馆标准规范有 26 项(详见附录 4)。

3.2.1 标准数量分析

(1)TC46 发布实施的标准数量

表 3-1 ISO/TC46 发布标准数量年份分布表

年份	1976—1979	1980—1989	1990—1999	2000—2009	2010—2014
标准数量(项)	5	12	26	39	28

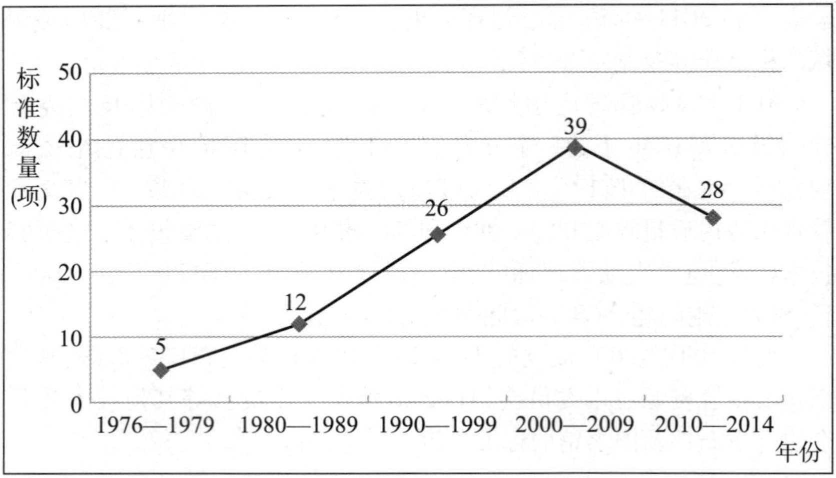

图 3－1　ISO/TC46 发布标准数量年份分布折线图

从表 3－1 和图 3－1 可以看出，TC46 信息与文献技术委员会制定的图书馆标准规范数量从 1976 年开始，总体呈现上升趋势。且随着时间的推移，标准数量成倍数增长。另外，从 1993 年开始，TC46 信息与文献技术委员会每年都会发布新的图书馆标准，从未间断。

（2）TC171 发布实施的标准数量

从表 3－2 和图 3－2 可以看出，TC171 文献管理应用技术委员会制定的图书馆标准数量，在 1987 至 1991 年，这起初的第一个五年中比较少，只有 3 项；1992 年之后的四个五年中，标准数量有所提高，基本保持稳定，值得注意的是 1997 至 2001 年这五年中制定的标准数量最多，这与数字技术发展后，TC171 在加快制定缩微摄影技术标准的同时，也开始关注对电子文献管理标准的制定有关。

表 3－2　ISO/TC171 发布标准数量年份分布表

年份	1987—1991	1992—1996	1997—2001	2002—2006	2007—2011	2012—2014
标准数量（项）	3	11	26	16	17	5

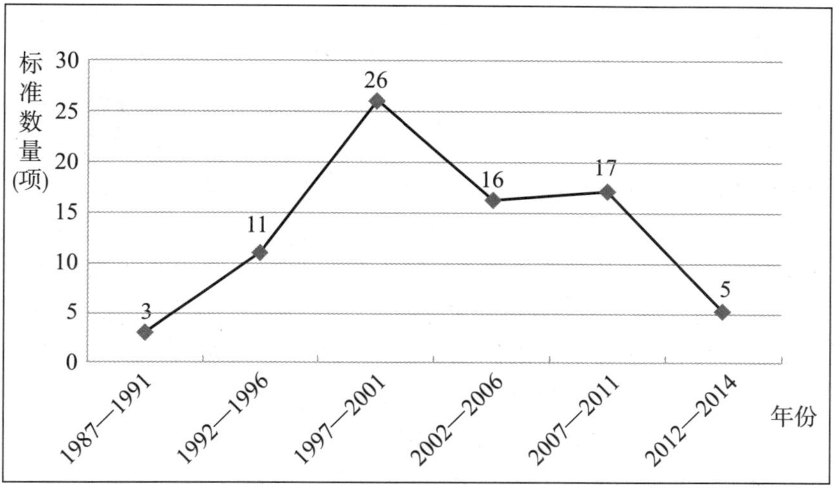

图 3－2　ISO/TC171 发布标准数量年份分布折线图

从总体上来看，ISO 现行的图书馆标准规范在 1990 年之前制定的有 19 项，仅占总数的 10%，大部分是在 1990 年以后制定的，尤其是在 2000 年以后，ISO 制定了 121 项标准，占总数的 64.5%。

3.2.2　标准内容分析

(1)TC46 制定的标准内容

在现行的图书馆标准规范中，最早的是 TC46 信息与文献技术委员会于 1976 年发布的《文献 出版物和文献的摘要》(ISO 214:1976)。1976 至 1990 年期间，TC46 制定的标准涉及内容主要包括期刊、连续出版物、摘要、标题、文献描述、书目和语言音译转换等方面，可见在这一阶段，TC46 针对图书馆领域所提出的标准规范大多针对传统文献，且以信息描述为主。而在 1991 至 2000 年这个阶段，与前一时期的显著区别在于与新兴信息技术相关的标准开始出现，如电子文献交换、信息检索和馆际互借标准。同时，语言音译转换方面的标准大量增加，且所涉及的语种开始从欧美向亚洲迁移，覆盖面更广。而传统文献标准也仍然在继续制定，如书目款项和标题的缩写规则、书名页、文献用纸要求、纸质持久性要求和图书装订要求等。2001 至 2006 年期间,标准所涉及的内容主要包括了编码、代号、记录管理、本体、文献存储等方面,内容更多地从传统文献领域迁移到了对数字资源处理的规范,同时开始更多地关注文献的存储与保存。2007 至 2014 年期间,TC46 制定的图书馆标准数量进一步增加,涉及的内容更明确地指向了编码、标识符、元数据、Marc 转换、主题词表互操作性、记录管理系统等数字化的内容,并且开始设计 RFID 在图书馆中应用的具体技术规范。同时开始关注绩效和评估领域,制定了图书馆绩效指标、图书馆建筑基本统计、文献价格指数和生产分配统计等标准,表明 TC46 开始从标准的层面强调图书馆相关机构效益的重要性。

(2)TC171 制定的标准内容

TC171 文献管理应用技术委员会制定的现行图书馆标准中,最早的是于 1987 年发布的。1987 至 1997 年期间,TC171 制定的标准都是围绕缩微摄影技术开展的,包括缩微摄影技术相关的词汇、缩微品阅读设备的性能、缩微胶片封套的使用等。1998 至 2007 年期间,文献数字影像技术标准和电子文献的管理标准开始出现,但缩微摄影技术的标准仍然占绝大多数,其中包括缩微摄影的操作规程、缩微胶片的规范和测量、缩微品的质量控制、缩微摄影设备的尺寸以及缩微摄影技术的应用等。2008 至 2014 年期间,TC171 发布的标准共 20 项,其中有 15 项是关于电子文献的标准,包括电子文献管理系统、电子文献保存格式、电子文献管理数据交换、电子文献信息存储等标准,可见 TC171 近年来开始重点关注数字领域特别是电子文献管理领域的标准。另外,这期间还制定了光盘存储文献信息的标准、胶片卷筒的尺寸标准及文献的扫描质量标准等。

3.2.3 图书馆标准规范研制重点领域分析

通过对目前 ISO 图书馆标准规范的主题领域进行数量分析,可见 ISO 图书馆标准规范研制的重点领域包括:

(1)传统的文献信息描述与组织标准,如摘要索引、题名信息、参考文献、书名页、目次表、贡献描述、书目等。传统文献信息的描述与组织是图书馆工作的核心,因此,从 ISO 图书馆标准制定之初就是标准研制的重点领域,并一直持续至今。

(2)基础性通用标准,这类标准在 ISO 图书馆标准中占有很大比例。包括书面语言的转换、国家和地区名称编码、标准书刊号、标准视听作品资料编号、标识符、元素集、字符集、命令集等。

(3)质量统计和绩效评估标准,如图书馆绩效指标标准、图书馆建筑统计标准、网页统计和质量标准、文献价格指数确定标准、文献生产分配统计标准。随着图书馆事业的发展,对图书馆经营效益的关注与图书馆评估重要性的凸显,使得质量统计与绩效评估标准成为重点研制领域。

(4)新技术和新服务标准,特别是 RFID 在图书馆中的应用标准和馆际互借标准。信息通信技术的发展与进步为图书馆事业带来了新的发展机遇,同时也为图书馆服务提出了更高的要求,因此将新技术引入标准成为必然,并要随着新技术的发展不断修订标准。

(5)文献保存标准,如纸质文献的耐久性要求、文献存储要求。文献能否得到良好的保存对提供文献服务至关重要,尤其随着文献使用时间的增多,文献寿命的减少,文献的保存特别是对具有重要价值的珍稀文献的保存成为重点关注问题。

(6)与图书馆相关的缩微摄影技术标准和电子文献管理标准,如缩微设备的使用标准、缩微品的质量控制标准,电子文献长期保存标准、电子文献管理系统标准、电子归档标准等。TC171 文献管理应用技术委员会认为,文献可以以缩微技术的形式来管理,或以电子的形式来管理,因此研制了大量的相关标准。

以近 5 年(2010—2014 年)发布的标准和正在制定中的标准为对象来进行统计分析,我们可以看到,ISO 当前阶段优先发展的 ISO 图书馆标准规范主要有:

(1)数字记录和记录管理标准

数字记录标准包括数字记录的转移和迁移过程、数字记录的可信第三方库、记录数字化实施指南；记录管理标准包括记录管理、记录管理系统、记录元数据管理标准。

(2) RFID 在图书馆中的应用标准

包括 RFID 数据元素标准、RFID 数据元素编码标准、固定长度编码标准、在有分区记忆功能的 RFID 标签中进行数据元素编码的标准等技术规范。

(3) 质量统计和绩效评估标准

在继续制定和完善图书馆绩效评估统计指标标准的基础上，注重研制图书馆影响评估标准、网页统计和质量标准以及图书馆建筑统计标准。

(4) 各类型标识符与编码标准

标识符标准如国际标准链接标识符、国际标准名称标识符、国际标准集合标识符、图书馆及相关组织的国际标准标识符；编码标准如国家和地区名称编码。此外，还有国际标准书号和国际标准音像制品编码标准。

(5) 馆际互借标准

包括馆际互借服务定义、馆际互借协议规范和馆际互借事务标准。

(6) 电子文献标准

包括电子文献格式标准、电子文献管理系统标准和电子成像标准。电子文献格式标准如适用于长期保存的电子文献格式标准、电子文献格式扩展标准、电子文献格式选择方法、便携式文献格式；电子文献管理系统标准如电子文献管理系统的设计、操作规范和实施管理标准；电子成像标准如电子文献成像术语、用于文献扫描的测试标板标准。

在当前阶段，ISO 也注重研制、修订纸质文献保存方法（如脱氧过程的方法）、主题词表互操作性、Marc 转换、图书馆注册服务等标准。

3.3 ISO 图书馆标准规范体系框架

3.3.1 从各分委会制定的标准主题及数量来分析

表 3－3 ISO 相关委员会制定图书馆标准规范数量情况

制定机构（TC46、TC171 及分委会）	标准总量（项）	已发布（项）	现行（项）	修订中（项）	制定中（项）
信息与文献 TC46	34	32	30	2	2
技术互操作 TC46/SC4	34	25	18	7	9
质量统计和绩效评估 TC46/SC8	9	7	6	1	2
标识和描述 TC46/SC9	26	23	21	2	3
文献存储要求与保存条件 TC46/SC10	9	7	6	1	2
档案/记录管理 TC46/SC11	20	16	14	2	4
质量 TC171/SC1	28	26	26	0	2
应用问题 TC171/SC2	41	35	33	2	6
一般问题 TC171/SC3	19	17	16	1	2
总数	220	188	170	18	32

表 3－4 ISO 各相关机构制定的图书馆标准规范主题

制定机构（TC46、TC171 及分委会）	涉及主题范围
信息与文献 TC46	术语、摘要、标题、书名页、期刊工作、论文的描述、书脊规则、国家和地区名称编码、不同语言音译转换

续表

技术互操作 TC46/SC4	馆际互借、RFID 在图书馆中的应用、书目数据元素、书目管理、书目信息交换、元数据元素集、检索命令集、信息检索应用服务、信息交换格式、馆藏信息架构
质量统计和绩效评估 TC46/SC8	国际图书馆统计、图书馆绩效指标、国家图书馆绩效指标、网页统计和质量、价格指数的确定、文献的生产分配统计、图书馆建筑的统计
制定机构（TC46、TC171 及分委会）	涉及主题范围
标识和描述 TC46/SC9	参考文献、索引、主题词表、标题和标题缩写、标准书刊号、视听作品资料编码、标识符、数字对象标识系统
文献存储要求与保存条件 TC46/SC10	文献纸的耐久性要求、纸质书写、打印和复印的持久性要求、图书装订方法和要求、文献存储的材料要求、文献存储要求
档案/记录管理 TC46/SC11	记录过程、记录数字化、数字记录转换和变迁、记录管理的原则和指南、记录元数据管理、记录管理系统
文献管理应用 TC171	缩微摄影技术、文献管理应用、电子成像、文献管理、电子文献管理、电子归档、缩微摄影设备、质量控制方法

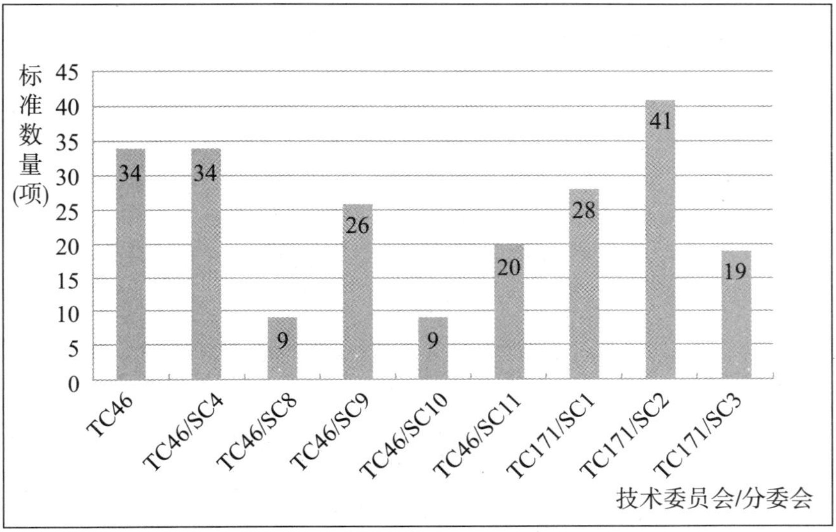

图 3－3　ISO 相关委员会制定图书馆标准规范数量柱状图

根据表 3－3、3－4 和图 3－3，从 TC46 及其分委会制定的标准数量情况可以看出，TC46 信息与文献技术委员会和 TC46/SC4 技术操作性分委会制定的标准最多，均达到 34 项，其次是 TC46/SC9 标识和描述分委会，标准数量为 26 项，TC46/SC8 质量统计和绩效评估分委会和 TC46/SC10 文献存储要求与保存条件分委会制定的标准都相对很少，还处于个位数字。这说明 ISO 在图书馆质量统计和绩效评估、文献存储和文献保存领域的标准才刚刚起步，目前的标准还集中于索引摘要、文献编目、标识和描述、技术互操作和记录管理等领域。而从 TC171 的分委会制定的标准数量情况可以看出，TC171/SC2 制定的标准数量最多，达 41 项。可见，在 TC171 文献管理应用技术委员会制定的标准中，涉及缩微摄影技术和电子文献管理的应用问题这类标准比较多。

3.3.2 从标准类别构成来分析

参考南开大学柯平教授提出的图书馆学体系[①]（如下图所示），可将图书馆标准规范分为四大类：信息资源建设标准、服务标准、技术标准和管理标准。

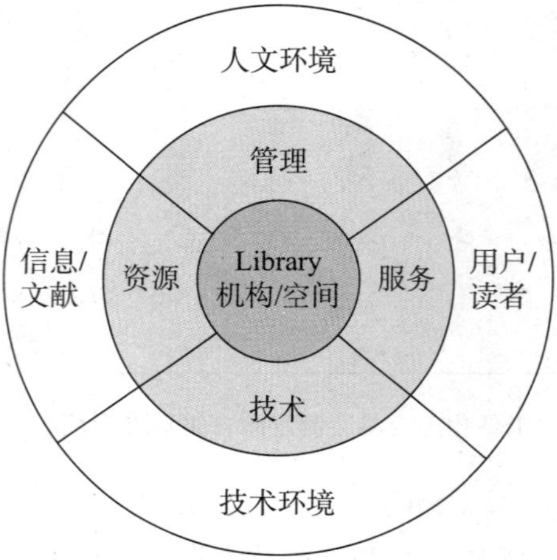

图 3－4　图书馆学体系

信息资源建设标准，指在信息资源采集、加工、描述、组织、保存及剔旧等工作流程中涉及和遵守的相关标准。主要包括：①图书文献的入藏标准、馆藏登记标准、图书著录标准、编目标准、馆藏剔旧标准等；②文献保存标准，特别是古文献、珍稀古籍的保护标准，如《图书馆古籍特藏书库基本要求》；③新模式资源建设的标准，如数字图书馆、虚拟图书馆、复合图书馆的资源建设标准。需要注意的是，信息资源建设中涉及技术的标准应归入技术标准中。

服务标准，指用以指导图书馆管理及其服务行为的原则和规

① 柯平. 文化行业标准化与图书馆推广应用标准的策略[R/OL]. [2014－04－10]. http://www.nlc.gov.cn/tbw/bzwyh_yjzx03.htm.

范,如《公共图书馆服务规范》。主要包括:①图书馆硬件服务标准,如图书馆地理位置、阅览桌椅及电脑网络等设备的标准;②图书馆软件服务标准,即图书馆服务的程序和系统性标准,包括具体的服务行为应该达到程度的标准,如时间性、流畅性、弹性、预见性和交互性等;③图书馆特殊人群服务相关标准、新型服务模式的标准,如视障人群服务标准、移动服务标准;④图书馆服务人员的行为举止和语言规范。

技术标准,指图书馆标准规范中涉及技术方面的标准。技术标准是标准家族中类型繁多、数量庞大的一种标准。图书馆技术标准主要包括:①基础标准,即关于名词、术语、符号、编码、代号、字符集、音译转换等的标准,术语方面如图书分类法中的“大类”、图书著录中的“款目”,符号方面如“索书号”“分类号”,编码方面如“中国标准录音制品编码”,字符集方面如“书目信息交换用希腊字母编码字符集”;②方法标准,以给出方法为特征的一类标准,如影像质量的测量方法、影像的记录方法、缩微品阅读器的测量方法、计算机输出缩微品的方法、文件图像压缩方法等;③设备标准,关于图书馆使用的各种设备的规格、尺寸、性能、质量等方面的标准,如透明缩微品阅读器、缩微品阅读复印机、防火设备、照明设备、通风设备等的标准;④应用于图书馆领域的新技术标准,如有关 RFID、数字图书馆、移动图书馆、数据库等的标准。

管理标准,指为图书馆事业相关机构行使管理职能而制定的具有特定管理功能的标准,是关于某项管理工作的业务内容、职责范围、程序和方法的统一规定。图书馆管理标准主要包括:①图书馆质量管理标准,包括质量统计和绩效评估指标,如《国际图书馆统计》《电子图书馆服务绩效指标》《图书馆绩效指标》等;②图书馆建设标准,如《图书馆建筑设计规范》《公共图书馆建设标准》《公共图书馆建设用地指标》等;③图书馆及图书馆联盟、图书馆协会、图书馆学会等的机构设置、经营管理(包括预算、收支等)和人力资源管理标准等。

将 ISO 所制定的标准按照以上分类进行统计,结果如下表所示:

表 3－5　ISO 图书馆标准规范类别构成

类别	TC46	TC171	总数	比例
信息资源建设标准	37	1	38	20.21%
服务标准	7	0	7	3.72%
技术标准	59	77	136	72.34%
管理标准	7	0	7	3.72%

从表 3－5 中可以看出,目前 ISO 已发布实施的图书馆标准规范中,技术标准最多,占总数的 72.34%;其次数量相对较多的是信息资源建设类的标准,占总数的 20.21%;而服务标准和管理标准数量很少,目前都仅有 7 项。

4　ISO 图书馆标准化工作机制分析

4.1　组织管理体制

4.1.1　组织结构

ISO 由全体大会、理事会、技术管理委员会和中央秘书处组成①（见图 4－1）。

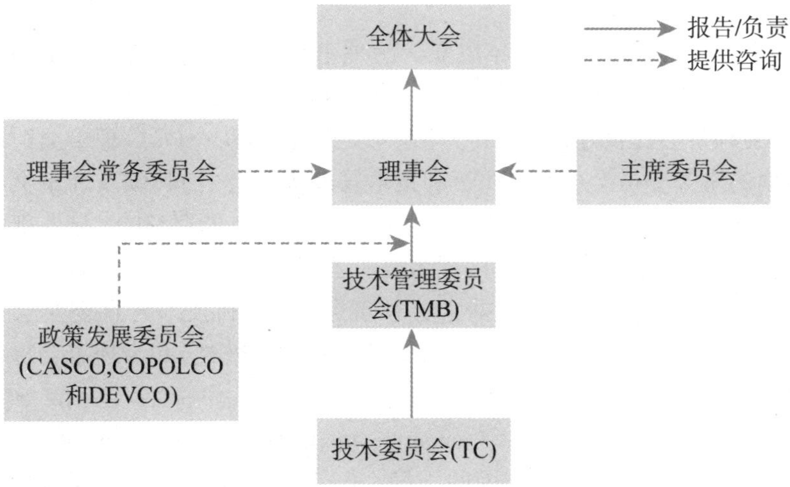

图 4－1　ISO 管理结构图

注：中央秘书处负责支持 ISO 的管理、政策咨询和日常运作。

① Structure and Governance[EB/OL].[2014－04－11]. http://www.iso.org/iso/home/about/about_governance.htm.

(1)全体大会

全体大会是 ISO 的最高权力机构,每年举行一次,届时所有成员和主要官员都要参加,主要官员有 6 位,包括 ISO 主席、副主席(政策)、副主席(技术管理)、副主席(财政)、司库和秘书长。全体大会主要讨论决定 ISO 的战略目标。

(2)理事会

理事会负责大部分的管理问题,理事会每两年召开一次,由 20 个成员机构、ISO 官员和政策发展委员会(CASCO,COPOLCO 和 DEVCO)的主席组成。理事会的成员向全体 ISO 成员开放并实行轮流当选制度,以确保理事会代表全体成员的意志和利益。

理事会下设有一系列负责在具体问题上提供指导和管理的机构,其中包括:

①主席委员会:2013 年成立。为理事会提出建议,监督理事会和全体大会决策的实施情况。具体工作包括,监督理事会决策的实施情况,为理事会提供建议;确保战略政策委员会(CSC/SPC)、理事会财政方面的常务委员会(CSC/FIN)和技术管理委员会之间,以及理事会和其常务委员会之间的有效沟通和协调;作为 ISO 的联络点,与外部机构(如 IEC)协调;作为 ISO 的提名委员会,提名 ISO 官员、政策发展委员会主席、理事会成员(包括常务理事会成员)和技术管理委员会成员;为秘书长提供行政指导;监督管理过程的有效性,并为理事会提供建议①。

②合格评定委员会(Committee on Conformity Assessment,简称 CASCO):提供合格评定方面的指导。CASCO 是致力于合格评定相关问题的 ISO 委员会,制定与合格评定有关的政策,发行相关标准。它并不执行合格评定活动。所有会员包括通讯会员都可以成为 CASCO

① President's committee[EB/OL].[2014-04-11]. http://www.iso.org/iso/home/standards_development/list_of_iso_technical_committees/iso_technical_committee.htm? commid=4882535.

的成员。CASCO 由很多负责不同任务的小组组成，CASCO 标准制定方面的工作由 ISO 成员机构推荐的专家所组成的工作组承担，政策方面的工作则由 CASCO 主席的政策协调小组（CPC）、技术接口小组（TIG）、战略联盟和监管小组（STAR）组成。CPC 负责协调 CASCO 的技术工作，帮助 CASCO 主席识别战略合格评定问题；TIG 负责与 ISO 其他技术委员会联络，以确保在这些技术委员会中实施一致、和谐的合格评定方法；STAR 为行业和监管部门与 CASCO 交流提供平台①。

③消费者政策委员会（ISO's Committee on Consumer Policy，简称 COPOLCO）：提供消费者问题方面的指导，负责在标准化中维护消费者利益，具体工作包括，选择 ISO 工作中与消费者高度相关的领域，并鼓励消费者代表参与到这些领域的工作中；发行出版物，促进消费者参与标准工作，为消费者代表提供培训；协调培训活动，处理涉及消费者和标准化问题的事件；组织年度讨论会，将消费者代表、政府当局、制造商和标准化专家聚集在一起，围绕一个与消费者相关的特定现实问题展开讨论；制定行动规范和政策声明规范，为标准编写者提供指南，为标准化的新领域提供建议。COPOLCO 的成员向积极成员和观察成员开放。COPOLCO 的成员指定一名人选联络消费者。COPOLCO 还与 IEC 合作，编写在标准制定中与消费者问题有关的指南；同时，COPOLCO 还与国际消费者联盟组织（CI）和经济合作与发展组织（OECD）等很多区域性消费者组织保持联系②。

④发展中国家事务委员会（Committee for Standardization in the Developing Countries，简称 DEVCO）：提供与发展中国家有关问题的指导。DEVCO 领导发展中国家的 ISO 工作，通过确定发展中国家在标准问题上的需求为其提供支持，如技术援助和培训。DEVCO 有以下 4 个

① CASCO[EB/OL].[2014-04-11]. http://www.iso.org/iso/home/about/conformity-assessment/casco.htm.

② COPOLCO[EB/OL].[2014-04-11]. http://www.iso.org/iso/home/about/iso-and-the-consumer/copolco.htm.

主要目标,确定发展中国家在标准化领域中的需求和要求,从而确定相关活动和支援的开展;为发展中国家提供行动建议,以满足这些国家的需求和要求;监管《ISO 发展中国家行动计划》的实施;为标准化和相关活动的各个方面提供一个讨论平台,以促进发达国家和发展中国家之间的经验交流。为实现上述目标,DEVCO 通过制订五年计划来帮助发展中国家,且其实施情况由 DEVCO 来监管;每年举行 DEVCO 会议,重新确定发展中国家的需求并评估所取得的进步;与年度会议一起,还召开分组座谈会,讨论解决发展中国家特别感兴趣的主题,过去会议聚焦的主题包括"标准是国家质量基础设施的一部分""促进发展中国家参与标准化进程和标准化区域合作"等相关问题;DEVCO 主席顾问小组(Chair's Advisory Group,简称 CAG)会议每年举行两次,帮助 DEVCO 监管发展中国家行动计划的实施。CAG 由 11 名成员组成,其中 8 名来自发展中国家,3 名来自发达国家。在所有的活动中,DEVCO 与其他 ISO 的政策发展委员会(如同 COPOLCO 处理消费者问题,同 CASCO 处理合格评定问题)、技术管理委员会(管理技术工作)、联合国的专门机构及 IEC 在工作上都有密切的联系①。

⑤理事会常务委员会:在财政和战略问题上提供建议。

⑥特别顾问委员会:建立的目的是推进组织战略目标的实现。

(3)技术管理委员会

技术管理委员会(Technical Management Board,简称 TMB)负责技术工作的管理,并向理事会汇报工作。技术管理委员会负责建立多样的技术委员会(TC),指派技术委员会负责人监督技术工作的进度,负责处理所有的战略计划问题、协调问题、绩效问题,监督技术委员会的活动②。

---

① DEVCO[EB/OL].[2014-04-11]. http://www.iso.org/iso/home/about/iso-and-developing-countries/devco.htm.

② Governance of Technical Work[EB/OL].[2014-04-11]. http://www.iso.org/iso/home/standards_development/governance_of_technical_work.htm.

ISO 标准由技术委员会中的专家工作组来研究、制定。技术委员会由行业代表、非政府组织（Non-Governmental Organizations，简称 NGO）、政府及 ISO 成员推举的利益相关者组成。每个技术委员会关注不同的主题，例如，有关注螺纹的委员会、关注运输技术的委员会、关注食品产品的委员会等①。另外，ISO 也会因特定工作需要而成立特别工作组，特别工作组不是常设组织，其成员往往来自多个工作组，当完成其特定使命后就不复存在了②。

ISO 的正式成员能够决定是否愿意成为一个特定技术委员会的积极成员（Participating Member，简称 P 成员）或者观察成员（Observing Member，简称 O 成员）。P 成员要积极参与工作，并有义务针对技术委员会内事宜进行投票；O 成员作为一个观察者参与工作，但不对开发过程进行任何评论和投票；通讯成员只能成为特定技术委员会的 O 成员。

（4）中央秘书处

中央秘书处负责 ISO 的日常行政事务，负责协调和支持 ISO 标准的研制和宣传。中央秘书处的工作由秘书长指导，秘书长是 ISO 的主要官员之一。

4.1.2　TC46、TC171 技术委员会及分委会、工作组的设立

ISO 中制定图书馆标准规范的技术委员会、分委会和工作组的设立如表 4－1 所示，TC46 和 TC171 技术委员会下共有 8 个分委会及 38 个工作组在制定图书馆标准规范。另外，TC46 还设有一个特定标准的维护机构和维护小组，TC171 设立了一个顾问小组。

---

① Who Develops ISO Standards[EB/OL].[2014－04－11].http://www.iso.org/iso/home/standards_development/who－develops－iso－standards.htm.

② 安小米.ISO TC46/SC11 的工作及其借鉴[J].中国档案，2007(11):56.

表 4－1　TC46、TC171 的组织结构

<table>
<tr><td rowspan="25">TC46</td><td>TC46/MA</td><td colspan="3">ISO 3166 的维护机构</td></tr>
<tr><td>TC46/MG</td><td colspan="3">ISO 3166 的维护小组</td></tr>
<tr><td>TC46/WG2</td><td colspan="3">国家名称编码工作组</td></tr>
<tr><td>TC46/WG3</td><td colspan="3">书写语言转换工作组</td></tr>
<tr><td>TC46/WG4</td><td colspan="3">信息与文献术语工作组</td></tr>
<tr><td>TC46/WG7</td><td colspan="3">期刊描述工作组</td></tr>
<tr><td rowspan="5">TC46/SC4</td><td rowspan="5">技术互操作分委会</td><td>WG7</td><td>数据元素工作组</td></tr>
<tr><td>WG11</td><td>RFID 在图书馆中的应用工作组</td></tr>
<tr><td>WG12</td><td>WARC 工作组</td></tr>
<tr><td>WG13</td><td>文化遗产信息交换工作组</td></tr>
<tr><td>WG14</td><td>馆际互借服务工作组</td></tr>
<tr><td rowspan="5">TC46/SC8</td><td rowspan="5">质量统计和绩效评估分委会</td><td>WG2</td><td>国际图书馆统计工作组</td></tr>
<tr><td>WG4</td><td>图书馆绩效指标工作组</td></tr>
<tr><td>WG8</td><td>图书馆建筑统计数据工作组</td></tr>
<tr><td>WG9</td><td>网页归档统计和质量问题工作组</td></tr>
<tr><td>WG10</td><td>评估图书馆影响的方法和过程工作组</td></tr>
<tr><td rowspan="4">TC46/SC9</td><td rowspan="4">标识和描述分委会</td><td>WG2</td><td>国际标准工作编码（ISWC）工作组</td></tr>
<tr><td>WG4</td><td>国际标准书号（ISBN）工作组</td></tr>
<tr><td>WG10</td><td>国际标准记录编码（ISRC）工作组</td></tr>
<tr><td>WG11</td><td>国际标准文献链接（ISDL）工作组</td></tr>
<tr><td rowspan="2">TC46/SC10</td><td rowspan="2">文献存储要求与保存条件分委会</td><td>WG1</td><td>文献存储要求工作组</td></tr>
<tr><td>WG2</td><td>纸质文献脱氧过程评估工作组</td></tr>
</table>

续表

<table>
<tr><td rowspan="7">TC46</td><td rowspan="7">TC46/SC11</td><td rowspan="7">档案/记录管理分委会</td><td>WG1</td><td>元数据工作组</td></tr>
<tr><td>WG7</td><td>数据记录保存联合工作组</td></tr>
<tr><td>WG8</td><td>记录管理系统工作组</td></tr>
<tr><td>WG9</td><td>记录管理原则工作组</td></tr>
<tr><td>WG10</td><td>记录数字化实施指南工作组</td></tr>
<tr><td>WG11</td><td>记录系统风险评估工作组</td></tr>
<tr><td>WG13</td><td>ISO 15489-1 和 ISO 15489-2 的修订工作组</td></tr>
<tr><td rowspan="12">TC171</td><td>TC171/AG1</td><td colspan="3">顾问组</td></tr>
<tr><td rowspan="3">TC171/SC1</td><td rowspan="3">质量分委会</td><td>WG5</td><td>文献扫描测试标板工作组</td></tr>
<tr><td>WG6</td><td>存储媒介的选择工作组</td></tr>
<tr><td>WG7</td><td>文献管理—数字化保存—根据银明胶缩微品模拟工作组</td></tr>
<tr><td rowspan="7">TC171/SC2</td><td rowspan="7">应用问题分委会</td><td>WG1</td><td>缩微摄影技术应用工作组</td></tr>
<tr><td>WG2</td><td>电子成像应用工作组</td></tr>
<tr><td>WG5</td><td>联合工作组:文献管理应用—应用问题—PDF/A</td></tr>
<tr><td>WG6</td><td>联合工作组:元数据</td></tr>
<tr><td>WG7</td><td>PDF 工作组</td></tr>
<tr><td>WG8</td><td>PDF 格式规范工作组</td></tr>
<tr><td>WG9</td><td>PDF 通用性工作组</td></tr>
<tr><td>TC171/SC3</td><td>一般问题分委会</td><td>WG1</td><td>词汇(ISO 12651 的修订)工作组</td></tr>
</table>

4.2 国际标准制定原则及其生命周期管理

4.2.1 国际标准制定原则

ISO 标准化工作遵循以下 5 个基本原则。

(1)公开、透明、公平原则

这一原则是在 ISO 道德规范(*ISO Code of Ethics*)中确定下来的,也是 ISO 标准化工作的核心原则。标准开发的流程是透明的、包容的、公开的,以确保 ISO 标准是在广泛利益相关方达成强烈共识的基础上制定形成的。在 ISO 官方网站上公布并及时更新现行标准的信息和标准项目的进展就体现了公开、透明、公平的原则。

(2)协商一致原则

在标准化活动中,各方的利益不同是客观存在的。因此各利益相关方要进行有效协商以达成一致意见,使制定的标准能够考虑到全部利益相关方的利益,而不是仅仅满足单独一方的利益。只有这样,标准才会得到广泛接受和贯彻实施,从而实现标准的作用与价值。

(3)持续改进原则

所有 ISO 的标准都基于持续改进的原则,随着时代的发展,有些标准已不再发挥作用而需要废弃,有些标准中的部分内容已不再适用于当前发展阶段而需要修订。ISO 的所有标准至少每 5 年进行一次复审,以确定是否需要废弃和修订。

(4)自愿性原则

ISO 制定自愿性的国际标准,为保证自愿性的国际标准能够得到广泛的认可和接受,就需要越来越多的国家参与国际标准的制定,越来越多的技术专家、政府代表和消费者参与标准化工作,反映各自的意见,使得制定的标准得到广泛的共识和传播。ISO 发展中国家行动计划的实施和消费者政策委员会(COPOLCO)的设立都体现了自愿性原则。

（5）采用先进技术原则

因为标准是以科学、技术的综合成果为基础的，所以在标准化工作中要坚持采用先进技术的原则，将新技术引入标准中。只有把先进技术引入图书馆标准中，才能促进图书馆事业的发展与技术进步保持同步，提高图书馆的现代化水平。ISO 制定的 RFID 在图书馆中应用的技术标准就是一个典型的例子。

一个国际标准是 ISO 成员之间协商一致的结果。国际标准可能通过以下程序制定，也可能是结合不同国家已有的国家标准，对其进行修改完善从而形成国际标准①。ISO 制定国际标准的程序有两种：正常程序和快速通道程序。两种程序下国际标准的发展阶段及对应成果如图 4－2 所示。

4.2.2 标准制定的正常程序

国际标准由 ISO 技术委员会及分委会制定，国际标准的制定通常要经过以下 6 个阶段。

（1）第一阶段：提案阶段

国际标准制定的第一阶段是确认一个特定的国际标准是否有必要制定。新工作项目提案（NP）被提交给相关的技术委员会或者分委会来投票决定是否将其纳入工作项目。如果技术委员会（或者分委会）的大多数积极成员投赞成票，并且有至少 5 个积极成员声明并承诺将积极参与该项目，新提案才被接受。在这一阶段，通常会任命项目负责人，对工作项目负责。

（2）第二阶段：准备阶段

编写工作组草案。由技术委员会（或分委会）设立工作组，工作组由该领域内的专家和召集人（即项目负责人）组成。如果草案已经制

① Stages of the Development of International Standards[EB/OL].[2014－04－11]. http://www.iso.org/iso/home/standards_development/resources-for-technical-work/stages_of_the_development_of_international_standards.htm.

定出解决问题的最佳技术方案，且整个工作组对草案都满意，这个草案即成为工作组草案。在这一阶段，拟订的草案被转发给该工作组的上级委员会准备进行同意表决。

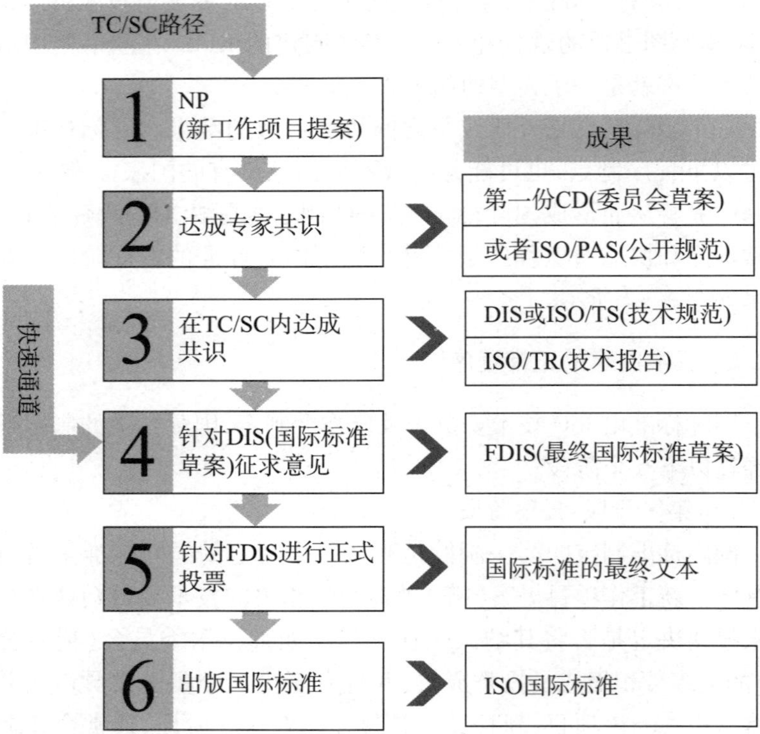

图 4－2　ISO 国际标准制定流程图

（3）第三阶段：委员会审议阶段

只要第一份委员会草案已经拟订，ISO 中央秘书处就会将其登记在案，并且会分发给相关人士以收集各种评论、建议，如果有需要，也会发给技术委员会（或分委会）进行投票。委员会草案将会不断地被修改直到在技术含量上达成共识。一旦达成共识，该文本就会最终被提交为国际标准草案（DIS）。

(4)第四阶段:征求意见阶段

ISO 中央秘书处将国际标准草案分发给所有 ISO 成员,在 3 个月内进行投票和评论。如果技术委员会(或分委会)三分之二以上的积极成员投赞成票,而且总票数中不超过四分之一投反对票,那么该国际标准草案将被批准通过,成为最终国际标准草案(FDIS)。如果没有满足通过条件,文本将会被退回到其来源技术委员会(或分委会),进行进一步的研究,修改后的文件将会作为国际标准草案再次分发、投票和评论。

(5)第五阶段:批准阶段(可选)

ISO 中央秘书处将最终国际标准草案分发给所有 ISO 成员,由成员在两个月内做最后的表决。如果在这期间收到技术建议,它们将不会被认可,但是仍然会被登记以用于国际标准未来的修订。如果技术委员会(或分委会)三分之二以上的积极成员投赞成票,而且投票总数中不超过四分之一的反对票,那么最终国际标准草案将通过批准成为正式的国际标准。如果没有满足通过条件,标准将会被退回到来源技术委员会(或分委会),根据收到反对票的技术原因进行复审。值得注意的是,如果国际标准草案符合通过标准,委员会的领导有权决定跳过最终国际标准草案的投票阶段,直接出版发行。

(6)第六阶段:出版发行阶段

一旦最终国际标准草案获得通过,即使有必要,也只能进行微小的编辑上的改动以形成最终的文本。最终文本提交给 ISO 中央秘书处,由中央秘书处出版发行国际标准。

另外,出版后的国际标准还需要复审,以确定是否需要修改或者废止。按照规定,所有的国际标准至少每 5 年进行复审一次,由技术委员会(或分委会)积极成员的大多数决定一项国际标准是否应该被确认、修订和废止。

4.2.3 标准制定的快速通道程序

如果一个文件在标准化项目的开始就具有一定的成熟度,例如由另一组织制定的标准,那么很可能会省去一些审查程序。在快速通道程序，文件可以直接被提交批准成为国际标准草案（第四阶段）；如果标准是由 ISO 理事会认可的国际标准化机构编制的，则可以直接被批准成为最终国际标准草案（第五阶段），不再经历前面的几个阶段。

4.2.4 举例：ISO 7098 标准的修订过程

2011 年，我国向 ISO/TC 46 提交关于修订 ISO 7098 中文罗马字母拼写法的新工作项目提案（NP）。

2012 年 5 月 7 日至 12 日在柏林召开的 ISO/TC 46 信息与文献技术委员会会议上讨论了我国的这个提案。

2012 年 5 月 11 日在 ISO/TC 46 的全体会议上通过了这个提案，并成立工作组，由美国、德国、俄罗斯、加拿大派专家参加这个工作组，由我国冯志伟担任项目负责人。这样，ISO 7098 的修订工作进入工作组草案阶段（WD）。并于 2014 年，通过委员会草案（CD）投票。

2014 年 12 月 1 日至 2015 年 3 月 1 日，在 ISO 的主持下，对 ISO 7098 的国际标准草案（DIS）在全体 ISO 永久成员国（P members）中进行投票，2015 年 3 月 1 日由 ISO 第 47 技术委员会秘书处公布了投票结果：18 个永久成员国中有 17 票赞成，一票反对，获得通过。

4.2.5 国际标准统一阶段编码

ISO 制定了严格统一的阶段编码，以标明国际标准的制定情况（见表 4－2）。而且，ISO 利用这些阶段编码在 ISO 的官方网站上公开发布各项国际标准的进展，使国际标准化工作更为公开、透明。

表 4－2 ISO 国际标准统一阶段编码表

阶段	子阶段						
				90 决策子阶段			
	00 注册	20 启动主要行动	60 完成主要行动	92 重复早期阶段	93 重复当前阶段	98 放弃	99 继续

续表

阶段	子阶段						
00 初步阶段	00.00 新项目提案	00.20 新项目提案审查中	00.60 审查结束			00.98 新项目提案被废弃	00.99 新项目的投票方案获批
10 提案阶段	10.00 已注册新项目提案	10.20 启动新项目投票	10.60 投票结束	10.92 提案被返回提交者进行进一步定义		10.98 新项目被拒绝	10.99 新项目获批
20 准备阶段	20.00 在 TC/SC 的工作计划中注册新项目	20.20 发起工作草案（WD）的研究	20.60 评议期结束			20.98 删除项目	20.99 WD 被批准注册为 CD
30 委员会阶段	30.00 注册委员会草案（CD）	30.20 研究 CD/发起投票	30.60 表决/评议期结束	30.92 CD 转回工作组		30.98 删除项目	30.99 CD 批准注册为 DIS
40 咨询阶段	40.00 DIS 注册	40.20 DIS 投票启动:5 个月	40.60 投票结束	40.92 报告全文传阅:DIS 转回 TC 或 SC	40.93 报告全文传阅:决定对新的 DIS 投票	40.98 删除项目	40.99 报告全文传阅:DIS 批准注册为 FDIS
50 审批阶段	50.00 FDIS 注册正式获批	50.20 FDIS 投票启动：2 个月。证明发送给秘书处	50.60 投票结束。秘书处返回证明	50.92 FDIS 转回 TC 或 SC		50.98 删除项目	50.99 FDIS 批准发布

续表

阶段	子阶段						
60 出版阶段	60.00 国际标准尚在出版中		60.60 国际标准已出版				
90 复审阶段		90.20 定期审查国际标准	90.60 审查结束	90.92 国际标准修订	90.93 国际标准获批		90.99 撤回 TC 或 SC 提出的国际标准
95 撤回阶段		95.20 撤回投票开始	95.60 投票结束	95.92 决定不撤回国际标准			95.99 撤回国际标准

4.3 标准化工作规划

ISO 注重进行国际标准化工作的规划，确定阶段内的工作目标，并提出具体可行的实现路径。ISO 的工作规划中比较有代表性的是《ISO 战略规划》①和《ISO 发展中国家行动计划》②。

4.3.1 ISO 战略规划

《ISO 战略规划》是规划 ISO 阶段性战略目标的文件，由 ISO 理事

① ISO Strategic Plan 2011 – 2015[EB/OL].[2014 – 04 – 13]. http://www.iso.org/iso/iso_strategic_plan_2011-2015.pdf.

② ISO Action Plan for Developing Countries 2011 – 2015[EB/OL].[2014 – 04 – 13]. http://www.iso.org/iso/home/store/publication_item.htm? pid = PUB100264.

会战略常委会负责制定。自2003年起,ISO将战略规划的阶段周期由每3年一个阶段变更为每5年一个阶段①。目前实施的《2011—2015年ISO战略规划》为第二个5年战略规划,提出了七大战略目标及具体行动(见表4-3)。

表4-3 2011—2015年ISO战略规划七大目标及行动

战略目标	说明	行动
ISO致力于提供满足客户需求的成果	在ISO涉足的每一个领域——商业、政府、消费者及其他利益相关者,他们都意识到并依赖于ISO提供的发展平台和全球化解决方案的传播	1.1 确保ISO的产品是以解决方案为导向的并且可以为用户创造实质价值,在交付形式、内容质量、透明度、形式和获取方式上满足用户需求; 1.2 凭借坚实的理由、清晰的目标和广泛的支持,确保ISO是满足新兴领域内解决全球相关性问题时标准需求的首选国际平台; 1.3 设计开发更先进的电子交付物,使用户可以通过合适的形式和媒介获取标准信息; 1.4 促进并鼓励ISO标准的实施以使标准用户的利益最大化,汲取市场经验以进一步推动标准全球化; 1.5 基于用户的视角开发一个连续的、模块化的标准管理系统,以支持成本效益的实施; 1.6 确保评估合格的ISO标准和指南可以广泛适用于全球各类企业,评估声明必须得到用户的高度信任

① ISO将制定2011—2015年战略规划[EB/OL].[2014-04-13].http://www.cqn.com.cn/news/zgzlb/disan/244535.html.

续表

战略目标	说明	行动
ISO 标准致力于促进创新并提供解决全球性挑战的方案	ISO 标准吸收了与标准用户相关的最先进知识，并被广泛地用于应对 21 世纪的全球性挑战	2.1　通过明确、优化和开发满足市场和社会需求的国际标准来加强 ISO 应对全球性挑战的能力； 2.2　提供支持技术变革、行业和国家间技术迁移的国际标准； 2.3　积极拓展标准和研究之间的联系，利用 ISO 成员的社会网络进行培育创新； 2.4　通过推动国际标准来促进市场创新，促进新市场的开发，增强消费者理解力与信心
显著提高发展中国家在国际标准化中的参与能力和参与程度	发展中国家参与国际标准化工作是确保 ISO 标准国际化的基础，也是推动发展中国家进入世界市场、技术进步和可持续发展的必要条件 ISO 已经通过一系列的流程、项目和工具提高发展中国家的参与度，如帮助发展中国家提高标准化能力、吸引国家相关利益者有效地参与国际标准技术工作的开展和实施	3.1　识别有助于扩展发展中国家标准化能力建设的技术支持和培训及参与标准建设和传播标准内容的有效方法，并将其引入《2011—2015 年发展中国家行动计划》中； 3.2　实施《2011—2015 年发展中国家行动计划》； 3.3　共享识别经济和国家基础建设优先发展领域的最佳实践，以促进发展中国家在国际标准制定、采纳和实施中的参与； 3.4　将发展中国家核心利益领域的标准化工作列入 ISO 优先发展的战略中； 3.5　鼓励 ISO 的成员，帮助国家标准机构充分利用 ISO 成员身份获益，并考虑资源匮乏国家的特殊需求（如小国成员）； 3.6　加强 ISO 与区域经济组织和地区标准化组织的合作，促进并鼓励 ISO 成员在区域及子区域间的经验交流

续表

战略目标	说明	行动
ISO致力于使自身擅长吸引利益相关方的加入	行业、政府、消费者和其他利益相关者积极参与ISO标准制定流程，对于保证ISO标准的相关性、质量和使用率是至关重要的。通过国家成员，ISO确保囊括所有的利益相关者，有利于促进其参与标准制定和评估其贡献	4.1　识别、发展并促进能帮助ISO成员、联络人从相关利益群体中吸引到利益相关者参与标准化工作的有效指南和监控工具，并监督利益相关者参与的行为； 4.2　在制定标准的过程中通过利用新技术和工具广泛获取利益相关者的观点，从而在国际和国家层面上能更高效地交流标准化项目工作； 4.3　支持小规模利益相关者参与，如小企业和消费者； 4.4　使公共机构明确ISO是志愿性的组织，ISO并不寻求建立公共政策，而是以可持续的价值观念支持公共政策的实施； 4.5　区分依循ISO流程制定的国际标准和其他类型的标准或规范； 4.6　通过ISO成员或国际组织来推动政府代表参与标准的制定
ISO鼓励可进一步提高国际标准价值和使其高效发展的伙伴关系	ISO有效地推动和管理与国际组织、标准制定组织、产业联盟、民间团体及学界的合作关系，以提高国际标准制定的价值和效率	5.1　与IEC和ITU密切合作以调整政策和协调活动，特别是在技术领域要加强合作，以有效地满足ISO利益相关者和支持者的需要； 5.2　如果合作关系能提高国际标准的附加值和标准制定效率，要加强与现有的和潜在的标准制定组织、产业联盟、民间团体的合作； 5.3　进一步加强与国际上政府组织和国际利益群体组织的合作，此举可以了解特定领域的业务知识，识别是否需要制定新标准，提高其市场接受度； 5.4　加强与区域性标准组织的合作，以促进区域内关于ISO战略方向和标准项目的信息交流，并识别各区域ISO新标准的优先性； 5.5　确保联络组织为ISO及其委员会提供的益处同其从ISO获取的益处相当

续表

战略目标	说明	行动
ISO 自身及标准化流程得到极大改善	ISO 使用清晰、透明、严格的流程,实施最佳的结构、系统和程序以制定满足标准用户需求的标准	6.1　确保 ISO 的组织管理结构能够有效支持 ISO 任务和愿景的实现; 6.2　创造高度优先级与实际 TC/SC 工作程序之间明确、密切的联系; 6.3　提升标准制定过程的效率和效用,以提高 ISO 标准的质量和制定速度; 6.4　确保 TC/SC 秘书处和主席的职位由最能够有效实现 ISO 系统目标的个体和组织担任; 6.5　向所有参与标准制定和实施的人员提供高质量的培训和支持服务,帮助他们有效地参与和使用标准; 6.6　确保 ISO 标准流程的每一阶段都能从 IT 支持系统中获益
ISO 及自愿性国际标准的价值被客户、利益相关方和公众充分理解	ISO 通过支持成员发展,提供信息服务等与所有类型的利益相关者沟通,显著提升 ISO 的形象,加深人们对 ISO 行为重要性的认同	7.1　通过与 ISO 成员的合作加强对市场的理解和分析,促进交流及推广活动,以此扩展 ISO 的触角并向用户证明 ISO 的价值; 7.2　通过推广已有研究和开展新研究来证明国际标准给组织、行业、公共部门和社会带来经济、社会效益; 7.3　开发 ISO 支持者能使用的,且能清晰识别目标受众的交流材料、出版物和服务,要特别关注基于网络的服务、新媒体和社交网络平台; 7.4　加强与国家和国际级教育机构的合作,以加强各阶层标准教育,并将前沿的研究和技术成果应用于标准的开发过程之中

4.3.2　ISO 发展中国家行动计划

ISO 成员中超过四分之三的成员来自发展中国家,因而提高发展中国家的标准化水平对于国际标准化具有重要意义。而《ISO 发展中国家行动计划》实质上是《ISO 战略规划》一部分，与《2011—2015 年 ISO 战略规划》相对应的《2011—2015 年发展中国家行动计划》也已发布实施。ISO 发展中国家行动计划（2011—2015 年）的关键目标是显著提高发展中国家在国际标准化中的参与能力和参与程度。为此，ISO 技术委员会、分委会和工作组充分考虑发展中国家的兴趣，以提高发展中国家在 ISO 技术工作中的参与度。具体做法包括：

（1）对于发展中国家确定关注的相关主题领域，ISO 中央秘书处和技术委员会/分委会提供相关信息促进标准化活动的展开；

（2）鼓励 ISO 发展中国家成员和发达国家成员合作，在行动计划结束时，评估发展中国家在工作中处于主导位置时的工作效益；

（3）为发展中国家提供资源，以便于他们参加与自己相关的 TC、SC、WG 的会议，并为会议做出贡献；

（4）明确哪些技能和经验是提高发展中国家在 ISO 技术工作中的参与度所必需的，提供区域性培训或者远程课程帮助 ISO 成员掌握技能和经验，特别是提供培训使发展中国家有能力在 ISO 委员会中承担领导者的角色或者与其他成员建立合作关系；

（5）为发展中国家成员组织使用 ISO 电子工具的培训，以帮助其参与标准开发工作。确保 ISO 的电子工具的演变发展满足发展中国家的需求。

4.4 国际标准化培训、教育和奖项

4.4.1 培训

为帮助 ISO 成员最大限度地利用国际标准和提高 ISO 工作人员的标准化工作能力，ISO 提供有关的培训服务。

ISO 为在国际标准中承担不同角色的个人提供一系列结构化的课程。培训服务向所有 ISO 成员提供，无论是发展中国家成员还是发达

国家成员。课程可以在日内瓦的中央秘书处举办，也可以在其他地点举办。这些课程能在 ISO 国际标准的特定方面提高成员标准化能力。

课程关注的主题如：根据 ISO 准则起草一个标准；使用 ISO 提供的电子服务；推广和营销 ISO 国际标准。培训服务大部分是免费提供的，但是 ISO 不向成员提供参加培训的费用，如交通费和食宿费。

2014 年的课程（见表 4－4），主要面向 ISO 技术委员会或分委会的秘书和骨干员工，每周有三门课，持续 5 天，可以选择参加一门、两门或者三门。因为场地有限，所以课程会优先提供给课程针对的申请者，ISO 还因此专门设计了课程申请表（见图 4－3，4－4）。

表 4－4　2014 年 ISO 培训课程表

第 16 个“秘书周”：	
2 月 10—11 日	ISO 秘书的工作程序
2 月 12 日	如何起草标准
2 月 13—14 日	ISO 秘书需要用到的电子服务
第 17 个“秘书周”：	
6 月 23—24 日	ISO 秘书的工作程序
6 月 25 日	如何起草标准
6 月 26—27 日	ISO 秘书需要用到的电子服务
第 18 个“秘书周”：	
11 月 10—11 日	ISO 秘书的工作程序
11 月 12 日	如何起草标准
11 月 13—14 日	ISO 秘书需要用到的电子服务
2014 年的其他课程：	
12 月 2—4 日	ISO 全球目录成员机构用户管理员①需要用到的电子服务

① ISO 全球目录（ISO Global Directory）是一个应用系统，用于管理与专家、委员会，专家和成员国在 ISO 中的角色、权限有关的数据。一个成员机构用户管理员（MBUA）以 ISO 成员的名义，负责在 ISO 全球目录中输入数据和管理数据。

ISO DEVELOPMENT AND TRAINING SERVICES

Pre-registration form for Regular Training Courses
provided by the ISO Central Secretariat in Geneva in 2014

Intructions for completing this pre-registration form

1. Save a copy of this form.
2. Complete all sections of the form.
3. Send the completed form by email to ISO Training Services (training@iso.org).
4. Print out a copy and arrange for the CEO of your National Standards Body to sign and date the form.
5. Do one of the following:
   a. Send a scanned copy of the form including signature to training@iso.org
   b. Send a copy of the form including signature by fax to +41 22 749 0151

IMPORTANT : *Pre-registration forms will not be considered without the necessary signature having been received by ISO*

Regular Training Courses 2014 Please note that all courses will be held **in English**

Please tick the courses you wish to attend.

16th ISO Secretaries' Week *Deadline for applications: 10 December*

☐ *10-11 February*	1	*Procedures for ISO secretaries*
☐ *12 February*	1	*How to write standards*
☐ *13-14 February*	1	*eServices for ISO secretaries*

17th ISO Secretaries' Week *Deadline for applications: 29 March*

☐ *23-24 June*	1	*Procedures for ISO secretaries*
☐ *25 June*	1	*How to write standards*
☐ *26-27 June*	1	*eServices for ISO secretaries*

18th ISO Secretaries' Week *Deadline for applications: 22 September*

☐ *10-11 November*	1	*Procedures for ISO secretaries*
☐ *12 November*	1	*How to write standards*
☐ *13-14 November*	1	*eServices for ISO secretaries*

Other Courses in 2014 Deadline for applications: 24 September

☐ *2-4 December*	2	*eServices for MBUAs*

IMPORTANT: *ISO has limited places for these courses and will therefore apply a strict policy of prioritizing applicants for whom the training courses have been designed.*

1 For the courses on *Procedures for ISO secretaries* , *eServices for ISO secretaries* and How to write *standards* priority will be given to **secretaries and support staff of ISO TC/SCs as well as convenors of Working Groups.**

2 For the eServices for MBUAs course, priority will be given to **Member Body User Administrators** of ISO members with responsibility for administering the ISO Global Directory.

图 4－3　2014 年 ISO 培训课程申请表(第 1 页)

Details of Prospective Attendee

The information you provide will be used to produce course certificates.

Title : Mr.	First name :	Family name :

Name of ISO member organization :

Your position in ISO member :

ISO Committee (with position) :

Direct Phone Number : | Direct Fax Number :

Email :

Expertise in standardization

Please describe your role in ISO technical committees, subcommittees or working groups :

Reasons for applying

What is your reason for requesting to attend this/these training course(s) :

Course on drafting standards

In order to provide an appropriate level of training, please answer as accurately as possible the following questions :

1 Number of years of experience you have in drafting International Standards — Please select...

2 a. Are you familiar with Word styles? — Please select... 2 b. IT shortcut key commands? — Please select...

3 How long have you been using Word? — Please select...

Which version do you use now? — Please select...

4 What Operating System do you use? — Please select...

5 What experience do you have using the STD template? — Please select...

6 What experience do you have preparing documents? — Please select...

Comments

Please write comments here

Date and signature

Date	**Signature** of the CEO of the National Standards Body Member of ISO

Thank you for completing this pre-registration form. ISO Development and Training Services will inform you as soon as possible whether your application has been accepted.
More information on training courses, including who should attend, can be found at
http://www.iso.org/iso/home/about/training-technical-assistance/training-services.htm

图 4－4　2014 年 ISO 培训课程申请表(第 2 页)

4.4.2 教育

国际标准带来技术、经济和社会效益,统一了产品和服务的技术规范,提高了行业效率。国际标准通过提供能够为经济、社会和环境带来影响的技术和管理流程操作规范,也为可持续发展做出了贡献。教育机构越来越认识到标准的意义,同时,ISO 也意识到教育机构在提高标准意识方面所做出的重要贡献,因此 ISO 热衷于支持标准的教育工作。ISO 支持标准化教育采取的主要措施包括:

(1)建立资源和教学材料库

将标准和教育方面的资源集合在一起,不仅包括教学材料,还包括描述如何将标准化与教育结合起来的资源。资源和教学材料库有 3 类:教学材料库、教育系统标准化活动库及标准和创新库。

教学材料库集合了一系列教学材料,这些教学材料被分为两类:小学初中教学材料、大学水平教学材料。教师和标准专家可以使用教学材料库设计标准课程。

教育系统标准化活动库包含描述如何在不同的国家将标准融入教育中的文章、政策文件及学术研究文章。而且还包含教育活动相关的活动概要,如标准化培训、标准意识提升等相关主题活动。

标准和创新库集合了关于标准和创新以及相关主题(如标准和科研、知识产权等)的文章、政策文件及学术研究文章。

(2)设置奖项,鼓励教育机构进行标准化教育

2007 年设立了"ISO 高等教育奖",目的是鼓励和支持在提高国际标准意识方面成功开展项目的高等教育机构。每隔两年,来自学术界、经济领域和媒体的代表组成评选委员会,选出在标准教育方面领先的高等教育机构。2007 年,该奖项颁给了中国计量学院。

(3)组织"国际标准合作学术日"

与 IEC、ITU 合作,组织"国际标准合作学术日",以促进大学和国际标准组织之间的对话,提高和培养合作意识。

(4)推进发展中国家的标准机构与教育机构的合作

为了在发展中国家更好地将标准融入教学课程中，ISO 组织了一系列活动支持发展中国家建立和强化标准教育课程，并准备编写一本书——《标准机构和教育机构合作的优秀实践经验》。

(5)为研究生课程做出贡献

ISO 支持了日内瓦大学的硕士项目《标准、社会规范和可持续发展》，这是一个横跨社会学、管理学和经济学的跨学科项目，由日内瓦大学、ISO 和 SNV(瑞士国家标准机构)共同合作创办。

4.4.3 ISO 的奖项

除上面提到的 ISO 高等教育奖，ISO 还设立了很多奖项以推动国际标准的全面发展。ISO 的奖项主要有"ISO 大奖""劳伦斯 · 艾彻奖"和"ISO/DIN 发展中国家青年标准化人才论文竞赛奖"。

(1)"ISO 大奖"(the ISO Prize)奖励 ISO 系统之外的，在 ISO 标准的理解和使用上做出突出贡献的商界、政界或者学术界的领导人。奖金额度为 2000kCHF(约为 14 000 人民币)。

(2)"劳伦斯 · 艾彻奖"(the Lawrence D Eicher Award)奖励在标准开发中有杰出表现的 ISO 技术委员会。这一奖项为纪念 Lawrence D. Eicher，ISO 秘书长(1986—2002)而设立。

(3)"ISO/DIN 发展中国家青年标准化人才论文竞赛奖"(the ISO/DIN Essay Contest for Young Standardizers in Developing Countries)，奖励发展中国家从事标准化工作的年轻专业人才，奖金由德国标准化学会(DIN)赞助。意在鼓励发展中国家的年轻专业人才积极从事国际标准工作，提高标准对促进经济健康持续发展重要性的认识。

4.5 经费来源与经费管理

ISO 的经费来源主要有 4 个：ISO 成员缴纳的会费，销售 ISO 标准收入、使用 ISO 产品的版权许可收入及服务收入，发展中国家基金，金融投资收入。这些收入用于 ISO 组织的日常直接花费，投资发展中国家项目及其他项目。2012 年，ISO 的总经费 37 629kCHF①，其中成员会费 21 128kCHF，销售、版权和服务收入共 13 547kCHF，发展中国家基金 2 569kCHF，金融投资收入 385kCHF②。可见 ISO 的经费中，占比重最大的是成员缴纳的会费，这得益于 ISO 拥有众多的成员机构。销售、版权和服务收入是 ISO 自己的创收，这部分的收入体现了 ISO 的工作业绩。金融投资作为 ISO 经费的一个来源，体现了 ISO 组织经费管理的灵活性和与时俱进。ISO 针对财政收支进行良好的控制，并将资金分为不受限资金和受限资金。不受限资金用于组织的长期可持续发展，受限资金只能用于 ISO 理事会批准的特定项目。ISO 每年发布财政年报，总结本年度财政收支情况。

4.6 标准化工作的创新

ISO 在标准的制定、出版、营销和沟通的各个环节都非常重视进行创新，这使得 ISO 系统内外部的沟通交流更加顺畅、高效，也使 ISO 的品牌具有更大的影响力。

4.6.1 在标准制定和出版方面的创新

（1）对标准制定的流程进行彻底的检查，赋予了 ISO/IEC 委员会更多的灵活性，缩短了标准制定的时间，提高了标准质量。

（2）2012 年，设立了编辑项目经理（Editorial Project Manager，简称 EPM）的职位，EPM 从技术工作讨论的早期阶段就开始支持国际标准

---

① kCHF 为 1000 瑞士法郎，1 瑞士法郎约为 7 元人民币。

② Annual report_finances-2012[EB/OL]. [2014-04-12]. http://www.iso.org/iso/annual_report_finances-2012.pdf.

的起草。

(3)开设项目管理课程,改善 ISO 技术工作的项目管理。ISO 中央秘书处的标准开发团队的工作人员都可参加项目管理的课程,以提高项目管理的效率。

(4)实施 XML 项目。XML 使标准能够被计算机和人读取。2012 年,XML 项目取得重大进展,到 2012 年年底,ISO 标准目录的 30% 可用 XML 格式获取,这使得 ISO 系统内,ISO 中央秘书处和 ISO 成员之间,成员与消费者之间能够以多样化的格式分发和共享标准内容,同时也使标准内容交付给消费者的方式更为灵活。

(5)召开网络会议。网络会议服务向所有参与 ISO 相关工作的人员免费开放,网络会议增加了会议的灵活性,提高了标准化工作的参与度,同时也减少了交通,从而减少对环境的影响。2012 年,ISO 平均每个月召开 250 次网络会议,这是 2011 年月均会议数量的两倍,比 2010 年每月平均召开的网络会议数量增加了 5 倍。

4.6.2 在营销和沟通方面的创新

(1)发布新网站①。2012 年 6 月,ISO 成为最早使用响应式设计技术开发网站的组织之一。现在,网站的内容在任何设备上看起来都非常美观,并且为了使用户获得更简单、更快捷、更好用的体验将网站内容进行了全面更新。

(2)提供在线浏览平台。在线浏览平台帮助用户在购买标准之前通过浏览标准的简单信息,如术语、定义、编码、目录和范围等来更好地明确标准的内容。

(3)ISO 博客。分享 ISO 的新闻,获得反馈信息。注册用户能够针对相关问题进行评论和交流意见,同时 ISO 博客也包含最新的 ISO 关键项目信息和即将发生的事件。此外,博客还利用 Facebook、

① ISO[EB/OL].[2014-04-12].http://www.iso.org/iso/home.htm.

Twitter、LinkedIn[①]，Google Plus（即Google +）和YouTube等社交媒体平台宣传ISO标准化工作，提高知名度与影响力，改变了营销方式和运作方式。

（4）新的商业和版权政策。用简明的语言重新起草了商业和版权政策，为ISO及其成员保护、利用和宣传ISO知识产权奠定了基础，利于建立与当今时代消费者获取信息方式相协调的新的商业模式。

① LinkedIn，领英，是一家商业客户导向的社交网络服务网站，网站的目的是让注册用户维护他们在商业交往中认识并信任的联系。

5 IFLA 图书馆标准规范及其分析

IFLA 发布的标准规范没有统一编号，我们所研究的 IFLA 图书馆标准规范包括 IFLA 官方网站介绍的所有形式的标准规范，亦即基本涵盖 IFLA 官方网站发布的所有标准。其"标准"指的是以下几种类型的文件：概念模型、资源描述规则、数字格式代码、指南、最佳实践（由基于经验和研究的程序和技术组成的文件）①。

5.1 IFLA 图书馆标准规范发展历史

5.1.1 第一阶段（20 世纪 50、60 年代）

这一阶段是 IFLA 图书馆标准化工作的起步阶段，IFLA 开始着手图书馆标准的制定。

IFLA 图书馆标准化工作始于编目领域，最早可以追溯至 1961 年的《巴黎原则》。20 世纪 50、60 年代的国际图联在经过了二战后的恢复，进入到重大改革和全面整顿的时期。当时，在第 24 届国际图联马德里大会上当选的第六任主席 G・霍夫曼积极改革，推动了一系列对 IFLA 的声望和未来发展具有重要意义的事件，其中就包括了 1961 年，由 IFLA 和 UNESCO（联合国教科文组织，United Nations Educational, Scientific and Cultural Organization）联合推动的国际编目原则会议（International Conference on Cataloging Principles）在巴黎的召开。这次会议取得了圆满成功，大会制定并通过了"原则声明"，即通常所称的

① What is an IFLA Standard? [EB/OL]. [2014-04-11]. http://www.ifla.org/node/8721.

《巴黎原则》,这在国际编目史上有非常重大的意义,IFLA 的图书馆标准化工作也就此展开。同一年,IFLA 还获准与联合国教科文组织保持最高等级的磋商资格,此后,IFLA 和联合国教科文组织合作发布了多项图书馆方面的宣言及指南[①]。

5.1.2 第二阶段(20 世纪 70 年代至 80 年代中期)

这一阶段,IFLA 图书馆标准化工作取得初步发展,所制定的标准涉及领域较少,主要集中在编目领域,且标准的数量不多,种类较单一。

在这一阶段最重要的事情是 IFLA 核心计划——世界书目控制与国际机读目录(UBCIM)的启动和实施。国际书目控制计划(UBC)开始于 1974 年,主要任务是促进各国国家书目的编制,开展国际标准书目著录(ISBDs)的制定/修订等。国际机读目录计划(IMP)起源于 1975 年,成立不久就开始了国际机读目录格式(UNIMARC)的研制,1983 年 IMP 被纳入核心计划,主要开展国际机读目录应用研究和通用机读目录格式的修订和补充。1986 年,IFLA 执行委员会将 UBC 和 IMP 合并为世界书目控制和国际机读目录计划(UBCIM),旨在发展各国国家书目,促进国际书目控制,发展国际通用机读目录[②]。这一计划为之后对图书馆影响颇深的 ISBD 和 UNIMARC 的制定/修订提供了重要的支持和保障。

5.1.3 第三阶段(20 世纪 80 年代后期至 90 年代)

这一阶段,IFLA 的图书馆标准化工作进一步深化,一方面是对原有的标准指南进行修订或补充,另一方面是扩大了标准的研制范围,

---

① 丘东江. 国际图联(IFLA)与中国图书馆事业(上)[M]. 北京:华艺出版社,2002:17.

② 丘东江. 国际图联(IFLA)与中国图书馆事业(上)[M]. 北京:华艺出版社,2002:21.

开始涉及图书馆服务领域,尤其是图书馆对特殊需求人群的服务。

尤其值得一提的是,1994 年,联合国教科文组织与 IFLA 共同制定和发布了《公共图书馆宣言》①,宣言对公共图书馆的地位、性质、服务原则以及公共图书馆的任务都予以了声明和阐释,对各个国家和地区的公共图书馆都有重要的指导性和适用性。此后,在宣言的基础上,IFLA 和联合国教科文组织相继制定了《公共图书馆服务:IFLA/UNESCO 发展指南》和《IFLA 公共图书馆服务指南》,对推动公共图书馆的发展和进步发挥着积极的作用。此外,IFLA 和联合国教科文组织还在 1999 年联合发布了《学校图书馆宣言》②,并于 2002 年颁布《国际图联/联合国教科文组织学校图书馆指南》。IFLA 和联合国教科文组织的深度合作对提升图书馆的地位,推动图书馆的专业化都有十分重要的意义。

5.1.4 第四阶段(21 世纪)

这一阶段,IFLA 在图书馆标准化工作方面得到了迅速的发展,各个部门制定的标准指南不仅在数量上大幅增长,而且所涉及的范围在不断扩大,几乎包含了图书馆工作各个方面的内容。此外,IFLA 图书馆标准化工作也越来越规范和专门化。

2012 年 1 月,IFLA 宣布成立标准化委员会,该委员会直接隶属于 IFLA 管理委员会,负责协调 IFLA 及其他相关组织的标准化工作,支持 IFLA 各专业机构,尤其是专业组的标准化活动。IFLA 标准化委员会的主要职能就包括了明确标准制定/修订工作的一般程序,监督标准的实施,实施标准化工作的战略规划等③。可以看出,标准化委员会

---

① IFLA/UNESCO Public Library Manifesto 1994[EB/OL].[2014-04-10]. http://www.ifla.org/publications/iflaunesco-public-library-manifesto-1994.

② IFLA/UNESCO School Library Manifesto 1999[EB/OL].[2014-04-10]. http://www.ifla.org/publications/iflaunesco-school-library-manifesto-1999.

③ About the IFLA Committee on Standards[EB/OL].[2014-04-10]. http://www.ifla.org/about-the-committee-on-stardards.

的成立有助于增强 IFLA 图书馆标准化工作的规范性和系统性,加强对标准制定和实施的监督,便于对外联系交流,给 IFLA 各专业组的标准化工作以良好的支持。总之,IFLA 标准化委员会的成立将 IFLA 的图书馆标准化工作推向了一个新的台阶。

5.2 IFLA 图书馆标准规范代表性成果

IFLA 在图书馆标准化工作方面取得了很多重要的成果。从 1961 年的《巴黎原则》开始,截至目前,IFLA 已在图书馆工作的多个领域制定了百余项标准,其中大部分都对国际图书馆界产生了深远的影响,尤其是在编目领域,IFLA 制定的国际标准书目著录、国际机读目录格式、国际编目原则声明以及书目记录的功能需求对国际图书馆书目工作的规范统一和信息交流做出了很大的贡献。

5.2.1 国际标准书目著录(ISBD)

《国际标准书目著录》是由 IFLA 主持制定的一套供各类信息资源描述著录的规则,它的目标是作为世界范围内描述性编目的主要标准,帮助实现国家书目机构间、图书馆界与其他信息机构间良好的书目信息交流与信息资源共享①。

从 1971 年 ISBD 家族第一个出版的标准《国际标准书目著录(专著)》,即 ISBD(M)②开始,在之后 40 多年间,IFLA 共推出了 ISBD 系列的标准规范 14 项,其中每一项都经过至少 1 次修订,近半数有过两

① 孙更新,张燕飞.《国际标准书目著录(2011 年统一版)》的新变化——纪念 ISBD 发表 40 周年[J].图书情报知识,2013(6):62.

② Rodriguez E E,McGarry D. ISBD 统一版的发展历程[R/OL].吴晓静,译.[2014-04-10]. http://archive.ifla.org/IV/ifla73/papers/145-EscolanoRodriguez_McGarry-trans-zh.pdf.

次修订,而最多的则经过 5 次修订。为了适应时代的发展,2011 年,IFLA 推出统一版本的 ISBD——《国际标准书目著录(2011 年统一版)》,并于 2013 年发布了 ISBD 统一版本的补充《ISBD 完全实例:ISBD统一版本的补充》,取代了之前用于专门类型的 ISBD,这对 ISBD 在新环境下的发展起到了关键作用。

表 5-1 ISBD 制定/修订情况列表

序号	中文名称	英文名称	初版发布时间	修订历史
1	ISBD 命名空间	ISBD namespaces	2012 年	无
2	ISBD:国际标准书目著录—统一版本	ISBD:International Standard Bibliographic Description – Consolidated Edition	2007 年	2011 年修订一次
3	ISBD 实例:ISBD 统一版本的补充:国际标准书目描述	Full ISBD Examples:Supplement to the Consolidated Edition of the ISBD:International Standard Bibliographic Description	2011 年	2013 年修订一次
4	ISBD 应用指南:对析出文献的描述	Guidelines for the Application of the ISBDs to the Description of Component Parts	1982 年	1988、2002 年各修订一次
5	ISBD(A):国际标准书目著录—古老专题出版物(古玩)	ISBD(A):International Standard Bibliographic Description for Older Monographic Publications (Antiquarian)	1980 年	1991 年修订一次
6	ISBD(CM):国际标准书目著录—制图材料	ISBD(CM):International Standard Bibliographic Description for Cartographic Materials	1977 年	1987 年修订一次

续表

序号	中文名称	英文名称	初版发布时间	修订历史
7	ISBD(CR):国际标准书目著录—连续出版物和其他连续资料	ISBD(CR):International Standard Bibliographic Description for Serials and Other Continuing Resources	2002 年	无
8	ISBD(S):国际标准书目著录—连续出版物	ISBD(S):International Standard Bibliographic Description for Serials	1974 年	1988 年修订一次，2002 年被 ISBD(CR)替代
9	ISBD(ER):国际标准书目主流—电子资源	ISBD(ER):International Standard Bibliographic Description for Electronic Resources	1997 年	无
10	ISBD(CF):国际标准书目著录—计算机文件	ISBD(CF) International Standard Bibliographic Description for Computer Files	1990 年	1997 年被 ISBD(ER)替代
11	ISBD(G):通用国际标准书目著录	ISBD(G):General International Standard Bibliographic Description	1977 年	1992、2004 年各修订一次
12	ISBD(M):国际标准书目著录—专题出版物	ISBD(M):International Standard Bibliographic Description for Monographic Publications	1971 年	1974、1978、1987、2002、2004 年各修订一次
13	ISBD(NBM):国际标准书目著录—非书资料	ISBD(NBM):International Standard Bibliographic Description for Non-Book Materials	1977 年	1987 年修订一次
14	ISBD(PM):国际标准书目著录—印刷音乐	ISBD(PM):International Standard Bibliographic Description for Printed Music	1980 年	1989、1991 年各修订一次

ISBD 现已成为 IFLA 推进全球书目控制计划的主要成果，也是 IFLA 在编目标准化领域最成功的杰作。ISBD 促进了编目规则的标准化，自出版起就受到各国编目界的欢迎，许多文本被翻译成多种语言，很多国家也参照 ISBD 制定/修订自己国家的书目著录标准。同时，ISBD对《英美编目条例》和机读目录格式 MARC 产生了深刻的影响①。

5.2.2 国际机读目录(UNIMARC)

《国际机读目录格式》是由 IFLA 制定的国际书目数据通信的格式标准，其主要目的是为了解决因各国采用非标准格式记录编目数据而导致的信息不能有效交换的问题，促进国际书目数据的交换。

UNIMARC 最早出现于 1977 年，当时由 IFLA 组建的来自英、美、法、德等国的 10 人工作组在经过 6 次会议后形成了草案，并公布了《UNIMARC：国际书目数据通信格式》(*UNIMARC：Universal MARC Format*)，此后相继公布了《UNIMARC 操作手册》(*UNIMARC Handbook*)、《UNIMARC 手册：馆藏格式》(*UNIMARC Manual：Holdings Format*)等。自 UNIMARC 诞生以来，IFLA 相关机构就一直在进行维护，并在 2003 年开始启动 UNIMARC 核心活动(UNIMARC Core Activity，简称 UCA)，UCA 大约 3—4 年对 UNIMARC 进行一次评议和调整，以确保其与原有数据格式的兼容性②。截至 2012 年，IFLA 共制定了 UNIMARC 系列标准规范 16 项，涉及各种类型资源的机读目录格式。

---

① 夏小林，杜芸，谷松等.《国际标准书目著录》的发展及对我国西文编目工作的影响[J].图书馆工作与研究，2011(181)：59.

② 蒋敏. UNIMARC 的发展历程与趋势[J].图书馆建设，2010(5)：26.

表 5－2 UNIMARC 制定/修订情况列表

序号	中文名称	英文名称	初版发布时间	修订历史
1	UNIMARC 手册：书目格式	UNIMARC Manual：Bibliographic Format	1987 年	1994、2008、2012 年各修订一次
2	UNIMARC 操作手册	UNIMARC Handbook	1982 年	无
3	UNIMARC 格式	UNIMARC：Universal Marc Format	1977 年	1980 年修订一次
4	UNIMARC 简明书目格式(2008)	UNIMARC Concise Bibliographic Format(2008)	2008 年	无
5	UNIMARC 手册：规范格式	UNIMARC Manual：Authorities Format	1991 年	2001、2009、2012 年各修订一次
6	UNIMARC 简明规范格式	UNIMARC Concise Authorities Format	2009 年	无
7	UNIMARC 手册：馆藏格式	UNIMARC Manual：Holdings Format	2007 年	无
8	UNIMARC 简明分类格式(2000. 10. 31)	UNIMARC Concise Classification Format(2000. 10. 31)	2000 年	无
9	指南 1：零部件 UNIMARC 使用指南	Guidelines no. 1：Guidelines for Using UNIMARC for Component Parts	1999 年	无
10	指南 2：缩微复制品 UNIMARC 使用指南	Guidelines no. 2：Guidelines for Using UNIMARC for Microforms	1999 年	无

续表

序号	中文名称	英文名称	初版发布时间	修订历史
11	指南 3:缩微复制品 UNIMARC 使用指南	Guidelines no. 3:Guidelines for Using UNIMARC for Older Monographic Publications(Antiquarian)	1998 年	无
12	指南 4:旧专题论文出版物 UNIMARC 使用指南	Guidelines no. 4:UNIMARC Minimal Level Record	1999 年	无
13	指南 5:多层次描述:UNIMARC 编码选项	Guidelines no. 5:Multi-level Description:Encoding Options for UNIMARC	1999 年	无
14	指南 6:电子资源	Guidelines no. 6:Electronic Resources	2000 年	无
15	指南 7:音乐	Guidelines no. 7:Music	2005 年	无
16	指南 8:期刊和其他连续性资源	Guidelines no. 8:Serials and Other Continuing Resources	2006 年	无

UNIMARC 自问世以来,在国际图书馆界得到了广泛应用,目前《UNIMARC 手册:书目格式》已被翻译成 15 种语言。有些国家和机构完全采用 UNIMARC,如法国、意大利、阿尔巴尼亚等,有些则以 UNIMARC 为基础,制定了本国的机读目录格式,如中国的 CNMARC、日本的 JAPANMARC、俄罗斯的 RUSMARC 等。UCA 的调查数据显示,截至 2008 年,已有 23 个国家或机构已经采用 UNIMARC 格式,10 个国

家或机构计划使用 UNIMARC①，由此可见，UNIMARC 对国际书目信息交换产生了深远影响。

5.2.3　国际编目原则声明

《国际编目原则声明（草案）》（俗称“法兰克福原则”）诞生于 2003 年 12 月在德国法兰克福召开的 IFLA 第一次国际编目规则专家会议，法兰克福原则是对《巴黎原则》的修订与扩展。《巴黎原则》首次使国际编目界就图书馆目录的功能、结构、款目等编目工作的重要原则性问题达成了共识，为编目工作的标准化奠定了基础②。但在其颁布的 40 多年间，信息技术迅猛发展，数字资源的出现、机读目录的普及让这部主要针对印刷图书、卡片目录规定的编目原则有诸多不适应之处，而法兰克福原则基于“书目记录的功能需求”，将目录功能拓展到发现、识别、选择、获取与导航，同时将原则的适用范围扩展到各类文献目录及规范记录，同时增加检索点的规定③。

2009 年，在几经修改和表决以后，国际编目原则专家会议正式发布了《国际编目原则声明》的最终版本④，这一更具有国际化特点的版本对国际编目理论与实践的发展意义重大。

5.2.4　书目记录的功能需求（FRBR）

《书目记录的功能需求》发表于 1998 年。在此之前，国际图书馆界以《巴黎原则》和 ISBDs 为依据制定的编目条例都存在着“著录以手头文献的物理形式为依据，而标目则以手头文献所反映的著作为依

---

① Maria Ines Cordeiro. The UNIMARC Landscape: Updated Overview[R/OL]. [2014-04-10]. http://archive.ifla.org/VI/8/unimarc-survey-2008_results.pdf.

② 王绍平. 编目工作的新观念、新方法——从《巴黎原则》到《书目记录的功能需求》[J]. 图书馆杂志，2001，20(9)：2.

③ 胡小菁. “国际编目原则声明”研究[J]. 大学图书馆学报，2005(6)：57.

④ Statement of International Cataloguing Principles[S/OL]. [2014-04-10]. http://www.ifla.org/files/assets/cataloguing/icp/icp_2009-en.pdf.

据"的矛盾,这一矛盾虽然能够适应以实体信息资源为主的编目对象,但却无法适应包括网络信息资源在内的编目对象,而 FRBR 正好为解决这一矛盾提供了理论依据①。FRBR 从探讨编目的对象 - 实体的属性和关系入手,揭示了书目记录的功能需求,给探讨书目记录的结构与关系提供了新的视角②。经过 3 次修订,IFLA 在 2009 年发布了 FRBR 的最新版本。

FRBR 的出现给现有的编目标准带来很大的冲击。两大编目标准 ISBD 和 AACR2 都在依据 FRBR 进行新版本的修订,同时,MARC 和 OPAC 也受到了不同程度的影响③④。总之,基于 FRBR 理念来实现国际书目控制已经成了一种趋势,传统的编目理论和实践都迎来了崭新的变革。

5.3 IFLA 图书馆标准规范现状分析

5.3.1 整体情况概述

综合 IFLA 标准化委员会的相关文件以及各专业组发布的关于标准的指南,本研究按照以下原则对 IFLA 图书馆标准规范做了统计。首先,标准规范的项数是指完全独立、互不重复的标准规范的数量,数量中不包含同一标准的不同版本,例如《ISBD(M):国际标准书目著录—专著》一共修订过 5 次,加上最新修订版共有 6 个版本,但计数是

① 王松林. 从 FRBR 看编目条例及机读目录格式的变革路向[J]. 中国图书馆学报(双月刊),2004(6):21.

② 吴杏冉. FRBR 对编目理论和实践的影响[J]. 图书馆杂志,2006,25(10):19.

③ 刘素清. IFLA 书目记录功能需求(FRBR)初探[J]. 大学图书馆学报,2004(6):65—69.

④ 刘素清. OPAC 最新发展态势——论 IFLA 书目功能需求 FRBR 对 OPAC 的影响[J]. 图书情报工作,2005,49(4):81.

仅算作 1 项，而像 1998 年发布的《国际图联图书馆材料保护和处理原则》与 1986 年发布的《国际图联图书馆材料保存保护原则》，虽然两者均是有关保存与保护的标准指南，但 1998 年发布的版本就是全新的替代版本，而不是单纯的对 1986 年版本的修订，这种情况就算作 2 项；其次，关于不同版本是属于替代关系还是因修订而产生的版本更新，本研究均是综合 IFLA 标准化委员发布的文件以及各项标准指南文本里的版本更替说明来确定。

依据上述原则所做的统计显示，截至目前，IFLA 共制定了标准规范指南 116 项，现行的有 94 项，共涉及 31 个类别，其中绝大部分标准规范与图书馆的具体业务实践息息相关，编制数量较多的类别有国际机读目录、国际标准书目著录、规范描述以及图书馆特殊需求人群服务，具体的类别数量分布见表 5－3。

表 5－3　IFLA 标准规范各类别数量分布情况一览表（单位：项）

类别	数量（项）	类别	数量（项）	类别	数量（项）
缩微技术	1	分类与标引	3	图书馆多元文化服务	2
图书馆建筑和设施	2	保存和保护	9	珍稀图书与手稿	1
术语	1	报纸编目	1	参考咨询与信息服务	1
资源采访与馆藏发展	5	国际机读目录	16	专业人员资质	1
视听与多媒体	1	信息检索	1	图书馆协会管理	7
书目	4	终身学习/信息素养	4	政府图书馆	1
编目原则	3	文献传递与资源共享	2	议会图书馆	1
书目记录功能需求	4	教育与培训	1	国家图书馆	3
规范描述	11	图书馆少年儿童服务	4	移动图书馆	1
国际标准书目著录	14	图书馆特殊需求人群服务	9	公共图书馆	1
学校图书馆	1				
总计（项）	116				

IFLA 的图书馆标准规范由其内部不同的专业组（Sections）、圆桌会议（Round Tables）以及战略项目（Strategic Programmes）研制和修订，通常是经由 IFLA 管理委员会（Governing Board）批准发布。截至目前，IFLA 共有 2 个战略项目、26 个专业组以及 1 个圆桌会议参与了各类型图书馆标准规范的制定/修订。有时，几个专业组之间，或者圆桌会议与专业组之间进行合作制定相关标准规范，众多专业组各自负责相关专业领域标准规范的制定，一定程度上保证了标准规范的专业性和代表性，各部门制定标准规范数量情况见表 5－4。

表 5－4　IFLA 各相关机构或项目制定的标准规范数量一览表（单位：项）

机构/项目	数量（项）	机构/项目	数量（项）	机构/项目	数量（项）	机构/项目	数量（项）
报纸专业组	1	编目专业组	33	书目专业组	4	识字与阅读专业组	2
UNIMARC 战略项目	16	分类与标引专业组	3	信息素养专业组	1	图书馆协会管理专业组	7
保存保护战略项目	4	公共图书馆专业组	2	视听与多媒体专业组	1	连续出版物专业组	2
保存保护专业组	1	国家图书馆专业组	6	教育与培训专业组	2	少儿图书馆专业组	4
珍稀图书与手稿专业组	1	政府图书馆专业组	1	学校图书馆与资源中心专业组	1	文献传递与资源共享专业组	2
参考咨询与信息服务专业组	1	图书馆多元文化服务专业组	2	图书馆建筑与设施专业组	2	图书馆阅读障碍人士服务专业组	1

续表

机构/项目	数量（项）	机构/项目	数量（项）	机构/项目	数量（项）	机构/项目	数量（项）
持续专业发展与职场学习专业组	1	议会图书馆研究服务专业组	1	图书馆特殊需求人群服务专业组	8	资源采访与馆藏发展专业组	3
编目专业组/分类与标引专业组	1	IFLA 圆桌会议报纸分会/连续出版物专业组	1	连续出版物专业组/报纸专业组	1		
总计	116						

5.3.2 图书馆标准规范内容分析

为了更好地反映 IFLA 图书馆标准规范各主题的制定/修订情况及受关注程度等，本研究对其进行了主题内容的分析。这里对标准规范数量的统计就将同一标准的不同版本也做计数，目的是客观地反映出各主题的标准规范制定/修订情况，举例说明，文献传递与资源共享专业组制定的《国际资源分享和文档传输：原则和流程指南》的最新修订版发布于 2009 年，而在此之前有过 3 次修订，分别是 1978、1987 以及 2001 年，这里将不同的版本都看作一项独立的标准规范单独计数，我们就能在统计的时候清晰地看出这一标准在 1978、1987 以及 2001 年这 3 年都有修订。同时，判断一类标准规范受关注程度高低的依据是：如果一个主题类目的标准规范制定/修订的频率高（每年都有新标准规范或者原有标准规范最新修订版产生）、数量多，那这类标准规范的制定/修订活动就比较活跃，受到的关注度也就相对较大。以下为了方便呈现，本研究根据每一年发布的标准规范数量及标准规范的类别将统计数据分为 4 组。

(1)1963—1985 年

1963 至 1985 年出现的标准类目共 7 类,主题包括资源采访与馆藏发展、编目原则、规范描述、国际标准书目著录、国际机读目录、文献传递与资源共享以及图书馆多元文化服务。其中,国际标准书目著录从 1971 年第一项标准开始至 1982 年,一直都有更新,ISBD(CP)、ISBD(A)、ISBD(CM)、ISBD(S)、ISBD(G)、ISBD(NBM)和 ISBD(PM)是首次发布,而 ISBD(M)在 1971 年首次发布第一版后,已经有了两次修订。规范描述类最早的标准规范产生于 1975 年,是有关天主教礼拜著作的规范题目列表,此外还制定了公司标题形式和结构、欧洲文学标题、国家名称以及非洲立法和内阁部门名称等规范描述的指南,均为首次出现。国际机读目录格式(UNIMARC)于 1977 年发布,此后有一次修订,1982 年又发布了 UNIMARC 操作手册。编目原则类在 1963 年正式发布,并于 1971 年修订一次。文献传递与资源共享、图书馆多元文化服务以及资源采访与馆藏发展类目分别在 1978、1982 年以及 1985 年制定了其第一项标准。

总体来讲,这一阶段以制定新标准规范为主流,仅有极少数的标准规范已开始有修订的活动。由图 5-1 可见,制定新标准规范最多的是国际标准书目著录类,其次是规范描述类,再次是国际机读目录类,其他几类所产生的标准规范数量基本持平,说明这一阶段 IFLA 的图书馆标准化工作主要关注以国际标准数目著录、规范描述以及国际机读目录为代表的编目理论与实践。

(2)1986—1995 年

1986—1995 年出现的标准规范类目共有 11 类,其中分类与标引、保存和保护、报纸编目、图书馆特殊需求人群服务、议会图书馆、国家图书馆以及移动图书馆是这一阶段新出现的类目。国际标准书目著录类在这一阶段除了一项新颁布的标准 ISBD(CF)外,其余均是针对初始版本的第一修订版本,仅有 ISBD(PM)于 1989 年和 1991 年分别进行了两次修订。国际机读目录类有两项新的标准发布,涉及 UNIMARC 规范格式和 UNIMARC 书目格式。规范描述类新颁布了一项标准,而文献传递与资源共享类则仅有一项修订版标准。新出现的图书馆特殊需求人群服务类在 1991 年被提出,包括聋人图书馆服务及服刑人员图书馆服务两方面。国家图书馆类于 1987 年和 1989 年分别发布了两项标准规范,涉及国家图书馆与信息需求、国家图书馆指南。其余新出现的类目各有一项标准规范颁布。

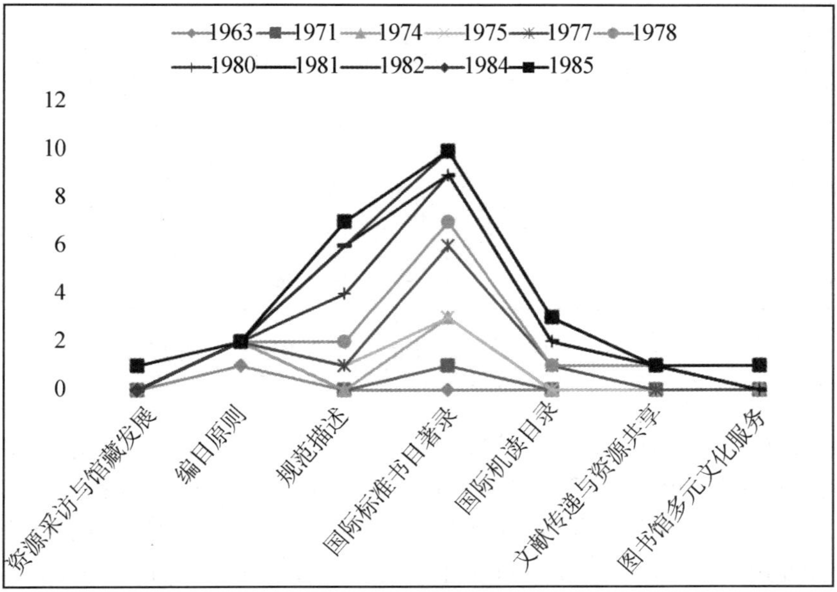

图 5－1 1963—1985 年 IFLA 图书馆标准规范各类目制定/修订数量折线图

由此可见,这一阶段新出现的类目基本都是有新标准规范的颁布,而与上一阶段重复出现的类目中,国际标准书目著录和文献传递与资源共享均以修订版为主,国际机读目录类和规范描述类有新标准发布。从图 5－2 可以得知,国际标准书目著录在这一阶段依然获得最多的关注,主要原因是上一阶段该类目发布的新标准数量最多,而这一阶段,IFLA 对这些标准都进行了修订,所以修订版数量依然丰富,并且修订的频率也较高。国际机读目录格式、图书馆特殊需求人群服务、国家图书馆以新标准规范的数量相对较多,分列二、三、四位。

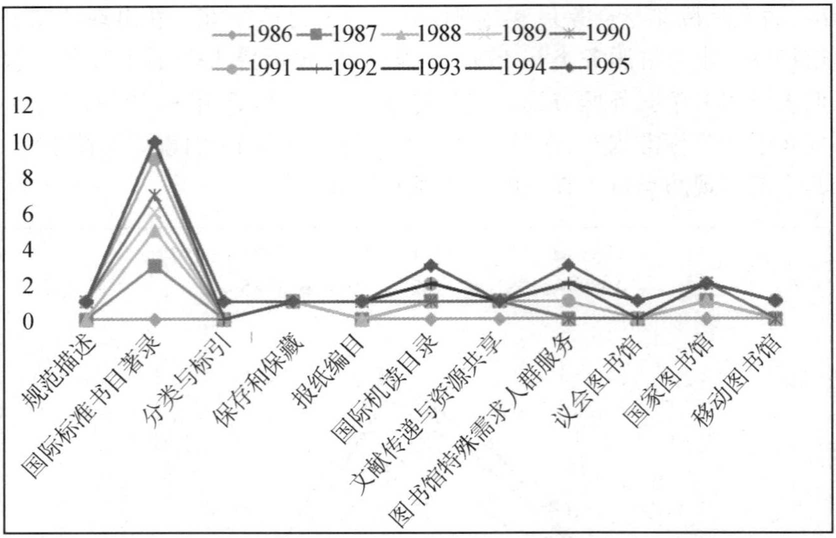

图 5－2　1986—1995 年 IFLA 图书馆标准规范各类目制定/修订数量折线图

(3)1996—2005 年

1996—2005 年出现的标准规范类目较之前有大幅增长，达到 23 类，在前两个阶段已经出现过的类目中，资源采访与馆藏发展、分类与标引、保存与保护、国际机读目录、国家图书馆类都主要是发布了新的标准规范，规范描述、国际标准书目著录、文献传递与资源共享、图书馆特殊需求人群服务类基本都是新标准规范数量与修订版数量各占一半，图书馆多元文化服务类有一项修订版。其中，保存与保护类发布了 7 项新标准；国际机读目录类有新标准 9 项；规范描述新颁布了非洲文学标题规范和人名编目入口的国际用法相关指南，对规范记录及参考咨询、公司名称标题、欧洲文学标题规范 3 项指南进行了修订；国际标准书目著录类发布了两项新标准——ISBD(CR)和 ISBD(ER)，修订了 4 项标准；图书馆特殊需求人群服务类颁布了 7 项标准，其中新标准 5 项，涉及盲人图书馆服务、易读材料、残疾人服务、读写障碍人士服务、医院病人服务。

新出现的类目中，图书馆协会管理类在 2004 年发布了 7 项新标准,包括图书馆协会组织结构、计划和服务、政策制定及程序、财务、管理和领导、运营、跨界发展与政府关系;书目类在 1997—2005 年间颁布了 3 项新标准;图书馆少年儿童服务类在 1996 年和 2003 年分别发布了针对青少年和儿童的服务指南;教育与培训类于 2000 年发布专业图书馆信息教育项目指南,并于 2003 年第一次修订;书目记录功能需求类于 1998 年发布了最终报告;视听与多媒体类、信息检索类、终身学习/信息素养类、缩微技术类、公共图书馆类、珍稀图书与手稿类、参考咨询与信息服务类、学校图书馆类都各自发布了新标准一项。

由图 5-3 可以看出,国际机读目录类及保存与保护类在这个阶段都得到了较多的关注,它们发布的标准规范数量多(这一阶段主要为新标准,几乎没有修订版),且发布频率高,基本每年都有更新;其次是图书馆特殊需求人群服务类,其标准规范发布的数量较多,频率较高;再次是规范描述和国际标准书目著录,主要是标准规范的数量较多,频率一般。

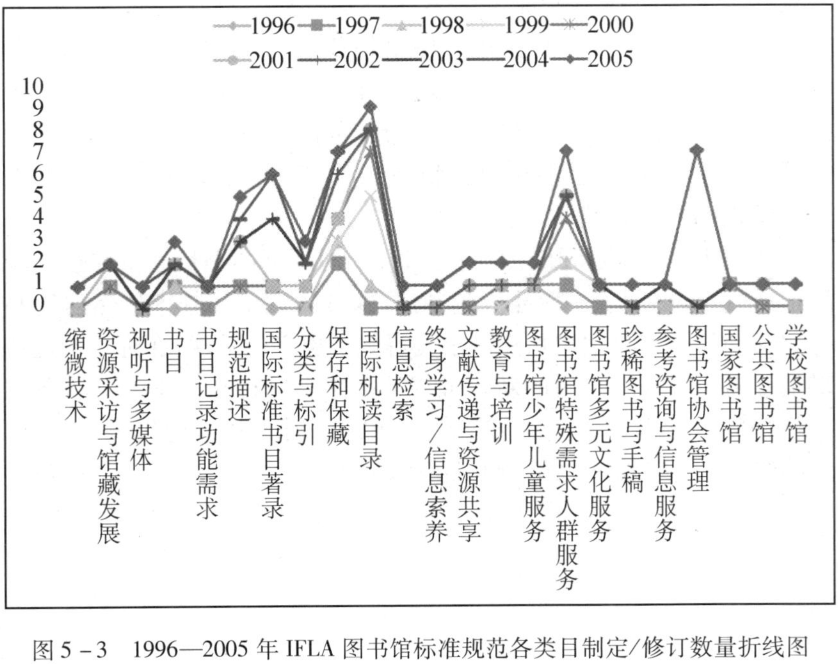

图 5-3　1996—2005 年 IFLA 图书馆标准规范各类目制定/修订数量折线图

(4)2006—2013 年

2006—2013 年出现的类目共有 22 类,新出现的有图书馆建设和设施、术语、专业人员资质、政府图书馆,都是以发布新标准规范为主。书目记录功能需求类针对 1998 年提出的最终报告,有了 3 次修订,现行文本于 2009 年发布,此外还发布了规范数据、主题规范数据的功能需求、FRBR 基于实体的定义到实体 - 关系模型的转化 3 条新标准。国际标准书目著录在此阶段发布了 3 项新标准,其中两项分别有一次修订,2011 年最新修订的《ISBD:国际标准书目著录—统一版本》和 2013 年最新修订的《ISBD 实例:ISBD 统一版本的补充》是 ISBDs 走向统一版的结果,两者基本代替了专门型的 ISBD 标准。国际机读目录类发布了 4 项新标准,包括 UNIMARC 简明书目格式、简明规范格式、馆藏格式、期刊和其他连续性出版物指南,同时对 UNIMARC 规范格式和书目格式各进行了两次修订。图书馆特殊需求人群服务类增加了痴呆症患者服务及特殊需求人群服务术语表,修订了易读材料指南。图书馆少年儿童服务类修订了《图书馆青少年服务指南》,并与时俱进发布了 Web2.0 与青少年图书馆服务相关指南。资源采访与馆藏发展类于 2012 年增加了《电子资源馆藏建设的关键问题:图书馆指南》,为图书馆面对日益增长的电子资源做出合理优化的选择。

从图 5 -4 可以得知,国际机读目录、国际标准书目著录在这一阶段依然受到较多关注,标准规范制定/修订的数量和频率依然居于高位,与此同时,书目记录功能需求类得到了更多的关注,在近年来迅速增加了多项具有影响力的新标准规范。图书馆特殊需求人群服务在这一阶段持续得到关注,制定新标准和修订原有标准继续齐头并进。图书馆少年儿童服务也得到了相应的关注。

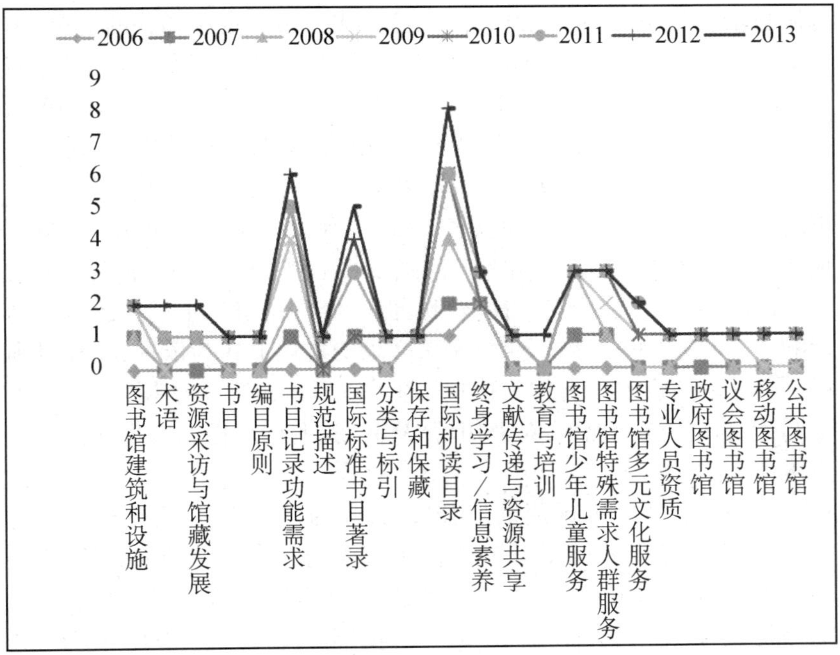

图 5－4　2006—2013 年 IFLA 图书馆标准规范各类目制定/修订数量折线图

5.3.3　图书馆标准规范研制重点领域分析

从上一节的分析可以看出，IFLA 图书馆标准规范的研制重点领域集中在编目的理论与实践、图书馆服务（尤其是为特殊需求人群的服务和图书馆少年儿童服务）以及保存与保护 3 个领域。

编目的理论与实践领域主要涉及了国际标准书目著录系列、书目记录的功能需求系列、国际机读目录系列以及规范描述系列的标准规范，而这每一个系列都具有标准规范数量多、新标准研制更新频率快、标准规范的修订频率也相对较快的特点，并且随着业务实践的推动和进一步信息交流的诉求，有一些系列的标准规范还有十分突破性的变化和进步。国际标准书目著录系列共有 14 项标准规范，其中每一项都经过数次修订，为了适应现在电子资源与传统纸质资源并存，电子资源数量日益增长甚至在某些图书馆已成为主流资源形式的情况,国际标准书目系列于 2007 年正式发布了 ISBD 的统一版本,整合了之前 10 项专门化的标准,增强了适应性和指导性。UNIMARC 系列有 16 项标准规范,包括统一的书目格式、规范格式、馆藏格式等指南,还包括了缩微复制品、电子资源、音乐、期刊等专门性的使用指南。UNIMARC 核心活动自 2003 年启动以来,就站在 IFLA 战略规划的层面,持续地进行 UNIMARC 的研制和推广工作,可见 IFLA 对其的重视。书目记录的功能需求系列诞生时间较晚,但一经发布就产生了广泛深刻的影响,它为解决编目界“著录以手头文献的物理形式为依据,而标目则以手头文献所反映的著作为依据”的矛盾提供了理论依据,提出一种不同于以往的全新视角,对 ISBD、AACR2 这些国际性的编目规则都产生了不小的影响。

图书馆服务标准规范也是 IFLA 关注的重点之一,为用户提供自由、平等的信息服务是图书馆一直在追求的目标,在 IFLA 的 2010—2015 年战略规划中专门提出要帮助图书馆实现其用户群体对信息的平等获取,确保信息自由获取这一人类基本权利[①]。从 1991 年第一条图书馆特殊需求人群服务类的标准规范《聋人图书馆服务指南》开始,IFLA 在之后的 20 年时间,陆续研制了关于少年儿童服务、更多特殊需求人群服务的标准规范 12 项,几乎涉及图书馆特殊群体服务的方方面面。

保存与保护也一直是 IFLA 重点关注的领域,早在 1984 年在内罗毕召开的 IFLA 年会上就启动了现为 IFLA 六大战略级项目之一的保存与保护战略项目,除此之外,IFLA 还专门设有保存与保护专业组,也会参与研制保存保护相关的标准规范。IFLA 在其 2006—2009 年的战略计划中提到要发布灾害预防与恢复的指导方针,注重保存与保护,

---

① IFLA Strategic Plan 2010 - 2015[EB/OL].[2014 - 04 - 25]. http://www.ifla.org/files/assets/hq/gb/strategic-plan/2010-2015.pdf.

协助图书馆和信息服务机构避免因自然灾害、疏漏和冲突斗阵导致的破坏[①]，而在 2010—2015 年的战略规划中，IFLA 也提到了要通过国际图联保存保护核心计划和国家图书馆馆长会议数字战略联盟促进信息与知识的保存，拓展人类社会知识基础[②]。目前保存与保护领域的标准规范已有 9 项，有效地指导了各国图书馆资源保存的实践。

5.4　IFLA 图书馆标准规范体系框架

5.4.1　标准规范的类别与形式

目前本研究对 IFLA 图书馆标准规范的分类主要是依据其标准化的对象，分为 5 个大类、31 个小类，涉及图书馆的微观工作体系如资源采访、编目、分类与标引、资源保存与保护等，用户服务如教育与培训、参考咨询与信息服务、图书馆特殊需求人群服务等，专门图书馆的标准如公共图书馆、学校图书馆、议会图书馆等的标准规范。

IFLA 的图书馆标准规范基本都是指导性的文件，多数以指南的形式出现，都是自愿选择采用，不具备强制性。IFLA 现有可以看到全文的标准规范中，有的指南具备了比较完整的标准规范的形式和结构，例如 ISBD 系列、UNIMARC 系列都有完整的结构体系，而有的则比较简单，形式有些类似于术语对照表，如《分类术语和概念的多语言词典》[③]，有的类似于资料的汇编，如《书目信息和资源共享：IFLA 书目标

---

① IFLA Strategic Plan 2006 – 2009[EB/OL]. [2014 – 04 – 25]. http://www. ifla. org/strategic-plan/2006-2009.

② IFLA Strategic Plan 2010 – 2015[EB/OL]. [2014 – 04 – 25]. http://www. ifla. org/files/assets/hq/gb/strategic-plan/2010-2015. pdf.

③ Multilingual Dictionary of Cataloguing Terms and Concepts(MulDiCat)[EB/OL]. [2014 – 04 – 27]. http://www. ifla. org/publications/multilingual-dictionary-of-cataloguing-terms-and-concepts-muldicat.

准和协同》①。

5.4.2 标准规范体系框架

本研究根据 IFLA 现有图书馆标准规范的内容和标准化对象，将所有标准分为 31 个小类、5 个大类，而这 31 个小类根据其内在的联系以及与上层大类之间的关系，构成现有 IFLA 图书馆标准规范的体系结构，如图 5－5。

图 5－5 IFLA 图书馆标准规范体系

① Sharing of Bibliographic Information and Resources[S/OL].[2014－04－27]. http://archive.ifla.org/VII/d4/pub/InteroperabilityStandards.pdf.

(1)基础标准

IFLA 图书馆标准规范体系的基础标准主要包括一些通用的术语标准、技术标准以及图书馆建筑与设施方面的标准指南。目前,按照本研究的划分,IFLA 图书馆标准规范中归入这一类的指南有 4 项,包括 2002 年由编目专业组研制发布的《缩微数字化和光学特性识别》,2007 年和 2009 年由图书馆建筑与设施专业组发布的《IFLA 图书馆建筑指南:发展和反响》和《建筑设计的关键问题:如何开始计划一个工程》以及 2012 年由编目专业组和分类与标引专业组合作研制的《分类术语和概念的多语言词典》。

(2)业务工作标准

IFLA 研制的有关具体业务工作的规范指南主要是指图书馆微观工作体系中的信息输入的工作,即文献的搜集、整理和组织典藏工作[①],包括资源采访与馆藏建设、书目、编目、分类与标引、保存与保护、视听与多媒体,其中编目又包括了编目原则、书目记录的功能需求、规范描述、国际标准书目著录、报纸编目以及国际机读目录。这一类标准规范是 IFLA 图书馆标准规范的主流,共有 71 项,占总量的 61.2%,是 IFLA 标准规范的重点研制领域,特点是规范指南的数量多、类目丰富、制定/修订的频率快,且很多标准规范对图书馆界有着深刻的影响。在这其中,尤其以编目类为代表,拥有诸多对编目领域影响颇深的标准规范,如 ISBD 系列、UNIMARC 系列以及书目记录的功能需求系列。

(3)服务标准

服务标准主要涉及图书馆面向用户提供的各类服务方面的规范,IFLA 制定的服务类标准规范既包括通用性的服务内容,如信息检索、终身学习和信息素养、文献传递和资源共享、教育与培训、参考咨询等,又包括了针对专门群体的服务规范指南,如图书馆少年儿童服务、

① 吴慰慈,董炎. 图书馆学概论[M]. 修订二版. 北京:国家图书馆出版社,2008:174.

图书馆多元文化服务以及图书馆特殊需求人群服务。IFLA 的服务类标准规范共 24 项，其中为专门群体服务的规范指南有 15 项，这也是 IFLA 重点研制的领域之一。

(4)管理标准

IFLA 制定的管理类标准规范包括专业人员资质、图书馆协会管理、珍稀图书与手稿 3 个子类目共 9 项规范指南，其中有关图书馆协会管理的指南占了 7 项，涉及图书馆协会组织结构、计划服务、政策的制定与程序、财务管理、协会管理与领导、宣传等各方面的管理，有较好的体系性和指导意义。而珍稀图书与手稿类的一项指南是由 IFLA 珍稀图书和手稿专业组研制的《展品租借指南》，因内容涉及展品租借事项的管理和注意事项，性质比较偏管理，所以将其归入管理类指南。

(5)专门图书馆标准

划分专门图书馆标准类别是因为 IFLA 所制定的标准规范中，有一部分是针对某种类型图书馆的专门性指南，这类指南通常综合包括了一个类型的图书馆的设施设备要求、资源采访、工作管理与评估、财务管理、人员管理、图书馆营销等方面的内容，不便将其归入上述的任何一类，所以单独归为专门图书馆标准类。IFLA 现有标准规范中，这一类的规范指南共有 8 项，涉及政府图书馆、议会图书馆、国家图书馆、移动图书馆、公共图书馆和学校图书馆。其中有关公共图书馆和学校图书馆的指南均是 IFLA 和联合国教科文组织合作研制的，对这两个类型的图书馆地位的明确及持续发展都起着重要的作用。

5.5 IFLA 图书馆标准规范的特点分析

(1)标准规范体系类目丰富，重点突出

IFLA 所制定的图书馆标准规范涵盖的内容广泛，几乎涉及了图书馆工作的各个方面，从基础规范如术语、建筑要求等，到业务工作、服务、管理，每一个方面 IFLA 的图书馆标准规范都有涉猎，这使整个规范体系具有良好的系统性，同时，丰富的标准规范类目也为各国图书馆的工作实践提供了更为全面的参考借鉴。在全部 5 个大类、31 个小类的标准规范当中，IFLA 并非每一类都倾注同样的关注，而是在保证一定广度的同时又有所着重。IFLA 在业务工作标准和服务标准方面重点加大研制力度，尤其是业务工作标准中编目领域的一系列标准规范，这些标准已在全球范围内取得了重要的成果。

（2）标准规范内容统一性和灵活性相结合

IFLA 在早期强调所有图书馆工作都应遵守统一的基本标准，因此在相关文件中提出了不少数量指标。但在发展过程中，考虑到各国情况千差万别，IFLA 才转变其思路，以指南和建议来作为主要的引导，明确指出各国图书馆在工作实践中均应关注和实现的事项，在此基础上再提出个别馆可以采取的具体建议及策略，或者是提供优秀实践范例以供参考；同时为了加强规范指南对图书馆实际工作指导的针对性和导向性，部分指南中依然提供了具体的数量标准。因此目前的指南实际涵盖了建议性指南和数量化标准，切实保证了指南内容的统一性和灵活性，更适用于图书馆工作。

（3）标准规范更新稳定性和动态性相结合

IFLA 在标准规范的制定上态度审慎，很重视规范指南在精神上的一脉相承，所以某一类目一旦制定了相关标准，IFLA 多数是在此基础上不断修订，而很少重新订立新的替代指南，例如 ISBD 系列标准在 1971 年至 2004 年间都仅有 11 项标准，最后一项新标准还是在 1990 年制定的，此后就一直针对这 11 项标准进行修订，直到 2007 年，才在经历了几年的讨论和研究后，推出了全新的替代之前 11 项标准的统一版标准。这种审慎的态度在一定程度上保证了 IFLA 标准规范的稳定性。当然，审慎并不意味着僵化，IFLA 对新指南的制定和对既有指南的修订都与环境变化息息相关，当 IFLA 察觉到时代环境从传统载体到数字载体、从单馆业务到全球共享、从单机到网络的发展变化，便依据变化的情境制定和调整指南内容,以保证相关的标准指南能够及时反映最新的形势变化,增强标准规范的适应性。在稳定性与动态性之间作为连接纽带的就是标准指南确立的任务和目标群体,因此在 IFLA 所制定的各个标准指南中都带有很强的目标意识,通常在开篇都会首要声明指南任务和目标对象,据此订立指南内容,这一点对协调标准规范更新过程中精神内核一脉相承和内容形式的变化这对矛盾有非常重要的价值。

6 IFLA 图书馆标准化工作机制分析

6.1 组织管理体制

国际图联(IFLA),全称为国际图书馆协会联合会(International Federation of Library Associations and Institutions),成立于1927年,并于1971年在荷兰海牙正式注册,总部设在荷兰国家图书馆,它是一个独立的、非政府的、非营利性的国际组织,代表全世界图书馆协会、信息协会、图书馆和信息服务机构的利益①。2008年,IFLA开始实行最新修订的《国际图联章程》,确定了以会员大会(General Assembly of Members)、管理委员会(Governing Board)、执行委员会(Executive Committee)、专业委员会(Professional Committee)为构成的组织管理机构。

(1)会员大会

会员大会是IFLA的最高管理机构,由拥有投票权的成员代表组成。会员大会每年在IFLA的年会上进行会晤。它主要负责选举主席和管理委员会的成员,同时也会审议一般的和专业的决议,这些决议一旦审议通过,通常就会作为执行委员会和专业委员会的行动指南加以执行。会员大会每年都会在成员国举行一次,会议期间,来自全世界的图书馆、信息工作领域的专家将听取IFLA各部门的工作报告,并就相关专业问题和当下热点问题进行深入的讨论,很多重要决议、标准指南等都是在会员大会上通过并正式发布的②。

---

① About IFLA[EB/OL].[2014-04-28].http://www.ifla.org/about/more.

② IFLA General Assembly[EB/OL].[2014-04-28].http://www.ifla.org/node/8525.

（2）管理委员会

根据新章程，管理委员会负责 IFLA 的管理和专业方向的事务。管理委员会由主席、当选主席、10 个直接选举的成员（采用邮寄或电子抽签的方式，每两年选一次）和 6 个非直接选举的专业委员会的成员组成。管理委员会每年有两次面对面的会晤，其中一次安排在IFLA 一年一度的“世界图书馆和信息大会”上。IFLA 各专业组制定的标准规范通常都需要经过管理委员会的审核批准才能对外发布①。

（3）执行委员会

新章程规定，执行委员会按照管理委员会制定的方针，在管理委员会召开的会议上，有责任监督指导 IFLA 的发展方向。执行委员会由主席、当选主席、出纳员、专业委员会主席和两名管理委员会的成员组成，每两年选举一次②。

（4）专业委员会

根据 IFLA 新章程的规定，专业委员会要确保 IFLA 内各部门工作的协调，并对专业活动、政策，以及项目负责。专业委员会由选举产生的主席和 5 个专业部的主席、两名管理委员会成员、当选主席、信息自由获取和言论自由委员会主席以及版权与其他法律事务委员会的主席组成，每年举行两次会面，其中一次就安排在 IFLA 的年会上③。专业委员会管理和指导了 5 个专业部、43 个专业组、14 个特殊兴趣小组以及 5 个战略计划组，专业组、特殊兴趣小组和战略计划组分别归类在 5 个专业部里，形成独特的专业架构，详情见下表 6－1，其中专业组在各自的专业范围内制定/修订相关标准规范，是标准制定/修订的主力。2012 年，IFLA 成立了标准化委员会（Committee on Standards），作

① IFLA Governing Board［EB/OL］.［2014－04－28］. http://www. ifla. org/governing-board.

② IFLA Executive Committee［2014－04－28］. http://www. ifla. org/executive-committee.

③ IFLA Professional Committee［EB/OL］.［2014－04－28］. http://www. ifla. org/professional-committee.

为6个战略计划组中的一个,全面协调IFLA内部和外部的标准化工作,同时也支持各个专业部,尤其是专业组的标准化工作,标志着IFLA图书馆标准化工作迈向一个新的台阶。

表6-1 IFLA的专业部门架构①

第一专业部:类型图书馆	第二专业部:图书馆馆藏	第三专业部:图书馆服务	第四专业部:专业支持	第五专业部:地区分部
专业组				
1. 学术研究图书馆 2. 艺术图书馆 3. 政府图书馆 4. 健康和生命科学图书馆 5. 法律图书馆 6. 图书馆阅读障碍人士服务 7. 议会的图书馆和研究服务 8. 都市图书馆 9. 国家图书馆 10. 公共图书馆 11. 学校图书馆 12. 科学技术图书馆 13. 社会科学图书馆	1. 资源采访和馆藏发展 2. 视听和多媒体 3. 文献传递和资源共享 4. 家系和本土历史 5. 政府信息和官方出版物 6. 报纸 7. 保存与保护 8. 珍稀图书和手稿 9. 连续出版物和其他连续性资源	1. 书目 2. 编目 3. 分类与标引 4. 信息素养 5. 信息技术 6. 知识管理 7. 少年儿童图书馆 8. 多元人口图书馆服务 9. 图书馆特殊需求群体服务 10. 识字与阅读 11. 参考咨询和信息服务	1. 持续专业发展和职场学习 2. 教育和培训 3. 图书馆建筑和设备 4. 图书馆理论研究 5. 管理和营销 6. 图书馆协会管理 7. 数据与评估	1. 非洲 2. 亚洲和大洋洲 3. 拉丁美洲和加勒比地区

① IFLA Professional Structure[EB/OL].[2014-04-28]. http://www.ifla.org/files/assets/hq/officers/documents/professional-structure-2014.pdf.

续表

特殊兴趣小组				
1. 农业图书馆 2. 国家信息和图书馆政策 3. 国家组织和国际关系 4. 对话中的宗教图书馆	1. 环境可持续化与图书馆 2. 同性恋、双性恋、变性者和酷儿/问题用户	1. 本土化问题 2. 语义学	1. 电子韵律学 2. 图书馆历史 3. 新专业人士 4. 女性,信息和图书馆 5. 发展中国家图书情报学教育	1. 信息网络接入—非洲(ATINA)
战略计划组				
1. 标准化委员会	1. 保护与保存 2. 标准化委员会	1. 国际机读目录 2. 标准化委员会	1. 版权与其他法律事务 2. 信息自由获取与言论自由 3. 标准化委员会	1. 图书馆计划发展行动 2. 标准化委员会

6.2 运营机制——以 ISBD 为例

标准规范的运营机制包含了标准规范的预研、编制、征求意见、审定、实施、重审、修订、废止等程序。程序是所有标准化工作的基本要素,通过一系列人们认可并遵守的步骤,相关文本即成为新的或修订后的标准。

本研究目前暂未发现有关 IFLA 标准规范制定/修订原则、程序、方法等的官方文件,仅有一些标准规范的制定/修订程序的论述散见于各种研究论文和报告中,其中最具代表性的是国际标准书目著录(ISBD)的运营机制,这里便以 ISBD 为例,说明 IFLA 标准规范制定/

修订的原则程序。

(1)目标与原则

ISBD 制定/修订的目标一是准备一个基于各种专门 ISBD 的统一的最新版本的 ISBD,以满足编目人员和书目信息用户的需求;二是对各类型资源的著录制定出尽可能一致的规定,对于特殊类型的资源按不同需求提供特殊的规定。

ISBD 制定/修订的原则包括:①ISBD 的首要目的就是为全世界的描述性编目提供一致性的约束,以帮助在全世界图书馆和信息机构之间实现书目记录的国际交换;②适应不同级别的编目工作,包括国家级书目机构、国家书目、大学以及其他研究机构的需要;③著录单元的识别与著录信息源选择的说明;④关注的焦点应为一系列的信息单元,而不是它们在特定自动化系统中的显示和应用;⑤编目实践中的成本效率是制定这些规则的重要因素。

(2)标准规范的修订周期

IFLA 不同的专业组根据标准规范的差异会有不同的修订时间周期。ISBD 规定的修订周期为 5 年,即在 5 年之后,ISBD 的主管机构编目专业组应对所有或特定的 ISBD 文本进行一次修订。当然,修订周期也并不受制于规定年限,如果领域内有重要的新变化,也可以及时修订。

(3)标准规范制定/修订的程序

ISBD 的制定/修订通常包括 5 个阶段,分别是创建草稿、世界评估、定稿、投票和出版。在创建草稿的阶段,一般要成立一个由编目专家组成的工作组,必要时其成员也可以包括来自 IFLA 内外的格式专家;草稿一旦完成,就要面向全世界接受审查和评议,原来草稿会在 IFLA 的网站 IFLANET 上发布,随即就在 IFLA-L 和其他相关的电子邮件组里发出通知。一般来说,修订版的评估时间需要两个月,对于一个全新的文本,还要额外增加一个月的评估时间;待所有收到的意见都经过充分的考虑后,编辑要根据评估组的决定对草稿进行修改,在这个阶段,特别需要注意的是正文和附录中各种语言的样例,并制作索引，最终文本形成以后，ISBD 评估组的全体成员还会对文本进行仔细的检查；新版或者是修订版的 ISBD 的最终文本会提交至编目组常设委员会和其他合作部门进行投票，投票只有批准或不批准两个选择；如果投票结果是通过，那么该文本就会被列入出版计划，现在，几乎所有情况下的文本都是电子形式公开发布。

6.3 宣传推广

IFLA 的众多专业组都非常重视自身编制的标准规范的宣传工作，积极地利用各种途径扩大宣传推广效果。IFLA 专业组经常采用的途径有两种，一种是通过各种会议，推荐、发布新版本，引起主题讨论，交流制定/修订意见，另一种是在 IFLA 的官方网站的显著位置或专业组的网站页面上整理发布、及时推介相关标准规范制定/修订的成果。

利用会议开展标准规范制定/修订信息的交流、发布及推广最新标准规范研制成果是各标准制定/修订专业组最常使用的方法。IFLA 一年一度的"国际图书馆和信息大会"以及各种专业性的会议都是标准规范宣传推广的有利平台，特别是 IFLA 重点关注的领域，相关的会议就更多，相应地就能对该领域的标准规范带来更好的推广效果。例如 ISBD 的宣传推广就可以借助 IFLA 年会、国际编目专家会议、IFLA 国际编目规则专家大会以及 ISBD 修订工作会议。

利用 IFLA 的网站发布标准制定/修订的成果，一方面能及时宣传新成果的信息，另一方面也是一种信息资源的积累。IFLA 每一个专业组的网站页面都有统一的架构要求，其中必须包含"出版物"这个板块用于汇集呈现该专业组的所有书面成果，包括战略计划、年度报告、标准指南、宣言、声明等，这样使得用户及研究者都能很便捷地获取最新信息，了解该专业组标准指南制定/修订的情况，客观上也达到了标准宣传推广的效果。

6.4 图书馆标准规范的保障体系

组织保障。IFLA 各专业组是标准规范制定/修订强有力的保障，专业组会组织专门的团队完成标准规范制定/修订、运营、宣传推广等活动，对于一些较大型的项目，专业组可能会组建不同层次的管理机构来保证项目的顺利完成。例如书目记录的功能需求（FRBR）就有专门的评估组负责各个版本的评议、指导修改工作，ISBD 的制定/修订项目就同时有 ISBD 工作组、ISBD 评估组及 ISBD 未来方向研究小组三个机构参与这项工作，其中 ISBD 工作组负责具体分册的编修工作，ISBD 评估组负责各个版本的评议修改，评估组在工作过程中又成立了未来方向研究组，负责 ISBD 发展发现的探讨。

经费保障。IFLA 的经费主要来自于一次性捐赠和定期的捐赠、会员费、通过遗嘱继承和特殊的遗赠而来的财产、各种补贴补助奖金等、由基金会组织的活动所获得的收入、筹款活动所获收入以及其他一切收入。具体到标准规范制定/修订活动的经费主要来自于 IFLA 拨给各专业组的工作费用、各专业组自行收取的会费及筹款所得收入，对于一些特定的项目，可以申请 IFLA 的专项项目基金，同时也会获得来自成员所在机构或合作机构的经费支持，例如德国国家图书馆就曾给 ISBD 的修订项目提供过经费支持。总之，多元化的经费来源渠道为 IFLA 的图书馆标准化工作提供了有力的经费保障。

6.5 标准化工作的发展

6.5.1 标准化工作重点机构

根据 5.3 中对 IFLA 各相关机构或项目制定标准数量的统计，

IFLA各机构中制定图书馆相关标准最多的是以下机构[①]:

(1)编目专业组

编目专业组现隶属于 IFLA 图书馆服务部。编目专业组提出并发展书目信息的编目规则、指南和标准,并考虑到不断发展的网络化数字环境,以促进普及、交流书目和权威信息。

(2)图书馆特殊需求人群服务专业组

成立于 1931 年 8 月 29 日,是 IFLA 成立最早的分委员会之一,现隶属于 IFLA 图书馆服务部。该专业组最初的使命是推动针对医院患者的图书馆服务,后又对其使命范围进行了扩展,旨在将那些无法使用传统图书馆、文献或服务的人包括在内。该组为面向特殊需求群体的图书馆服务制定指导方针,这些指导方针被译成 15 种语言,被世界上许多地方采用。

(3)图书馆协会管理专业组

现隶属于 IFLA 专业支持部。在 IFLA,该专业组倡导 IFLA 成员所代表的图书馆协会的利益,提供给图书馆协会一系列资源,有的由正式员工运转,有的则由志愿者运转,但二者都有丰富的经验和专业知识。该专业组促进各类图书馆协会的利益发展,其工作侧重领域包括:培养和提供领导能力;分享经验;发展有用出版物并提供培训,研讨满足各协会需求和利益的方案;支持 IFLA 的核心项目;在世界范围内促进图书馆及图书馆协会的发展等。在其中长期计划中,该专业组将推动图书馆协会在制定和维护适用于各类型图书馆的图书馆服务标准、通过有效培训和教育鼓励馆员的专业化发展等方面的责任。

(4)国家图书馆专业组

现隶属于 IFLA 图书馆类型部。该专业组关注国家图书馆全方位的功能,还与国家图书馆馆长会议(CDNL)密切合作。国家图书馆有特殊的职责,往往在法律中有所规定,虽然各国有所不同,但是一般包

① IFLA . Activities and Groups[EB/OL].[2015-01-21]. http://www.ifla.org/activities-and-groups.

括:合法存储国家出版物及其编目;直接或通过其他图书馆和信息机构为用户提供服务(如参考书目、保存、借阅等);保护民族文化遗产;促进国家文化政策发展等。

(5)保存保护战略项目

成立于1984年内罗毕举行的IFLA年度大会,隶属于IFLA图书馆馆藏部。其成立是为了将工作重点集中于图书馆资料保存问题,并发起世界范围内的对于图书馆资料的保存工作的合作。工作的侧重领域包括:发展并重组现存资料保存专业人士网;提高图书保存保护意识、培训员工和技术人员、提供和发布信息,鼓励政府工作者、图书馆管理者和使用者重视文献遗产;通过数据调查,评估资料保存的需要,促进保存领域内相关国家及国际标准、方针和最优实践的发展;鼓励对包括数字材料在内的所有格式馆藏文献的损坏原因进行科学研究,并将更改资料格式作为一种资料保存方法推广使用。

(6)少儿图书馆专业组。现隶属于IFLA图书馆服务部。该专业组的主要使命是为世界各地的少儿图书馆服务和阅读推广工作提供支持。该工作组主要工作目标是增强在少儿图书馆服务领域内的国际合作,并鼓励经验交流、教育培训及研究成果。该专业组关注的问题有:为在不同的文化背景下的儿童和青少年提供图书馆服务、与有关组织的合作惯例、成人与儿童以及年轻人的互动等。

6.5.2 标准化委员会的成立

2012年之前,IFLA并没有一个专门的负责协调管理IFLA图书馆标准化工作的部门,而随着IFLA标准化工作的发展,成立专门部门的必要性和重要性越加凸显。为了更好地对内协调各相关机构,对外及时进行宣传,更好地与其他组织联系,2012年1月IFLA标准化委员会成立,该委员会直接向管理委员会汇报,对推动整个IFLA标准化工作的发展有积极作用。

标准化委员会的主要职责包括:重点关注标准工作以提高IFLA标准在IFLA内部及其他组织中的影响力;明确标准制定/修订的一般

程序;就相关标准的批准和生效向 IFLA 管理委员会提出建议并监督其实施;支持 IFLA 的各类战略优先事项、倡议行动及正在开展的其他活动;对 IFLA 各专业机构的标准制定/修订过程给予支持;实施标准化工作的战略规划;为 IFLA 总部开展与标准问题有关的专业活动、制定相关政策或为组织交流提供支持;及时地对 IFLA 相关标准的制定/修订情况进行发布和宣传;加强 IFLA 与国际标准化组织、法国标准化协会、德国标准化学会等其他标准化组织之间的联系等。

2012 年 8 月,IFLA 标准化委员会在芬兰召开的第 78 届 IFLA 年会上举行了第一次工作会议,会议明确了 2012—2013 年度 IFLA 标准化委员会的主要工作任务在于明确其工作范围,确定标准制定、维护、批准生效、出版发行等工作机制,并在此基础上加强对外联系和标准的宣传工作①。2013 年在新加坡举行的第 79 届年会上,标准化委员会以"未来的标准:无限的可能性"为主题进行了公开的讨论,并确定了新的关键事项②。

6.5.3 标准化工作的规划

IFLA 在其 2010—2015 年的战略规划中强调,要"制定、维护和遵守专业标准,从而支持高质量的图书馆实践"③。通常 IFLA 的战略规划周期为 5 年,在这期间的每一年都会确定当年的关键行动,在 2013—2014 年的关键行动中,对于标准化工作的规划要求是:确定维护、重审 IFLA 标准指南并确保制定新标准指南的程序和支持框架(行政与财务方面)都已到位;开发传播 IFLA 标准指南的模型;进行 IFLA 标准和指南影响力的研究并在 2015 年的卫星会议上进行报告;开发

---

① WLIC 20121:Committee on Standards Open Session[EB/OL].[2014-05-01].http://www.ifla.org/news/wlic-2012-committee-on-standards-open-session.

② Standards Committee Events during WLIC 2013 in Singapore[EB/OL].[2014-05-01].http://www.ifla.org/node/7936.

③ IFLA Strategic Plan 2010-2015[EB/OL].[2014-05-04].http://www.ifla.org/files/assets/hq/gb/strategic-plan/2010-2015.pdf.

一套战略去研究标准如何被 IFLA 的会员们用于支持工作当中，并且通过“建立强大的图书馆协会”项目（Building Strong Library Associations）来调查实施这一战略的潜力[①]。由此可以看出，IFLA 关于未来图书馆标准化的工作重点主要有两个方面，一个是制定完善标准化工作的程序，使标准化工作更加规范有效；另一个是加强 IFLA 标准指南的宣传，恢复 IFLA 在图书馆标准化工作领域的权威地位。这些计划都主要由标准化委员会主导，并且在专业委员会的指导下进行，同时总部的工作人员也会协助一些秘书性的工作。

① Key Initiative 2013－2014：Standards driving excellence［EB/OL］.［2014－05－04］. http://www.ifla.org/node/8481.

7 ISO 和 IFLA 图书馆标准规范体系对我国图书馆标准化工作的启示与借鉴

7.1 我国图书馆标准化工作概况

7.1.1 管理体制

我国标准化工作实行统一管理与分工负责相结合的管理体制。按照《中华人民共和国标准化法》的规定，全国标准化工作在国家质量监督检验检疫总局的指导和管理下，由国家标准化管理委员会统一管理，国务院有关行政主管部门和国务院授权的有关行业协会分工管理本部门以及本行业的标准化工作。区域性的标准化工作则由该区域标准化行政主管部门统一负责管理[①]。具体到图书馆领域的标准化工作，除了其他部门所制定的标准可能会与图书馆相关之外，专门负责图书馆标准规范的制定/修订及标准化工作管理的部门主要有三个，它们分别是全国信息与文献标准化技术委员会、全国文献影像技术标准化技术委员会以及全国图书馆标准化技术委员会。

(1)全国信息与文献标准化技术委员会

全国信息与文献标准化技术委员会(以下简称“文标委”)成立于1979年，成立之初叫“全国文献工作标准化技术委员会”，其工作范围与国际标准化组织第46技术委员会“信息与文献工作”(ISO/TC46)的工作范围一致，负责有关图书馆、文献和信息中心、出版业、档案、文

① 中华人民共和国标准化法[EB/OL].[2014-05-06].http://www.sac.gov.cn/zwgk/flfg/gnflfg/201012/t20101210_56200.htm.

件管理、博物馆文献、检索和文摘服务以及信息学等工作的标准化[①]。文标委自成立以来,已经制定并颁布了近 50 项国家标准,为我国在文献著录、文献检索语言和数据交换的国际化方面发挥了重要的作用。

(2)全国文献影像技术标准化技术委员会

缩微摄影技术分委员会原为文标委的第一技术委员会,成立于 1979 年。为了适应国内外缩微文献技术发展的需要,1984 年便成立了与国际标准化组织第 171 技术委员会(ISO/TC171)对应的"全国缩微摄影技术标准化委员会"(以下简称"缩标委")。1999 年,缩标委正式更名为"全国文献影像技术标准化技术委员会"(以下简称"文影标")。文影标现有第一、第四、第五、第六、第七分技术委员会,分别负责质量、缩微摄影技术应用、电子影像技术应用、技术绘图应用、一般问题等细分技术领域标准的研制。其中第四、第五分技术委员会的委员较多来自全国图书馆文献缩微中心,初步判断其制定的标准与图书馆的缩微影像工作有较直接的关系。

(3)全国图书馆标准化技术委员会

全国图书馆标准化技术委员会(以下简称"图标委")成立于 2008 年 10 月,主要工作领域是"图书馆管理、服务、图书馆古善本的定级、维修、保护,图书馆环境等领域标准化工作"[②]。图标委从成立以来,积极开展我国图书馆标准的制定/修订工作,截至 2014 年 5 月,图标委立项的标准达 38 项,其中国家标准 13 项、行业标准 25 项,国家标准已有《公共图书馆服务规范》及《图书馆古籍书库基本要求》通过审查,正式发布实施;行业标准已有 16 项结项,成为正式的文化行业标准,还有 9 项在制定当中。这些标准项目涵盖了图书馆古籍保护、古籍定级、机读目录格式、图书馆服务管理评估、各类数字资源的加工、元数据

① 沈玉兰,张爱霞.信息与文献标准体系研究及其框架构建[J].图书情报工作,2008,52(12):28—29.

② 全国图书馆标准化技术委员会简介[EB/OL].[2014 - 05 - 06].http://www.nlc.gov.cn/tbw/.

等,所有标准项目一旦结项,就会在一定程度上弥补我国目前图书馆标准在管理标准、服务标准以及数字图书馆相关标准领域的缺陷。

7.1.2 现行图书馆标准规范情况

在我国,一个领域的国家标准和行业标准通常具有较大的影响力和示范意义,也最能反映我国在这个领域标准化工作的水平,所以在分析我国图书馆标准规范时,主要选取的是图书馆领域的国家标准和行业标准,不包括地方标准及其他规范。

图书馆相关标准规范的总数量及每年制定/修订的标准规范数量一定程度上反映了我国对图书馆标准化工作的重视程度及我国图书馆标准化的水平。截止到 2014 年 4 月,我国共颁布实施了图书馆相关标准规范 145 项,其中国家标准 114 项、占比为 79%,行业标准 31 项占比为 21%(如图 7－1 所示)。在现行的标准中,文标委制定的有 48 项,文影标制定的有 61 项,图标委制定的有 21 项,文化部制定的有 9 项,有 6 项并非由图书馆行业组织制定,它们分别是航天行业制定的《文献采购数据元》《文献借阅流通管理系统数据元》《航天文献编目规则　图书编目规则》,建筑行业标准《图书馆建筑设计规范》《公共图书馆建设标准》《公共图书馆建设用地指标》。

同时,我国图书馆标准规范实施年代分布不均(见图 7－2)。2005 年以前,我国有关图书馆的标准规范数量少,制定/修订的频率很慢,在 1985 年至 1987 年、1989 年至 1991 年、1994 年、1997 年至 1998 年、2004 年这间断的 10 年间,我国甚至没有颁布过一项图书馆领域的标准规范。从 2005 年开始,由于我国对已制定的国家标准进行一次确定和清理,有助于进一步明确图书馆标准结构的协调性和未来方向,加之 2008 年我国成立了全国图书馆标准化技术委员会,从一个更广泛的层面统筹我国图书馆标准规范的制定/修订工作,进一步促进了我国图书馆标准化的发展。所以这个阶段我国图书馆标准规范明显增多,虽然也有少量年份并未制定任何图书馆标准规范,但总体来讲,每年的制定/修订数量在逐步上升,在 2009 年达到峰值,可见,近年来图书馆标准规范的制定/修订越来越受到重视。

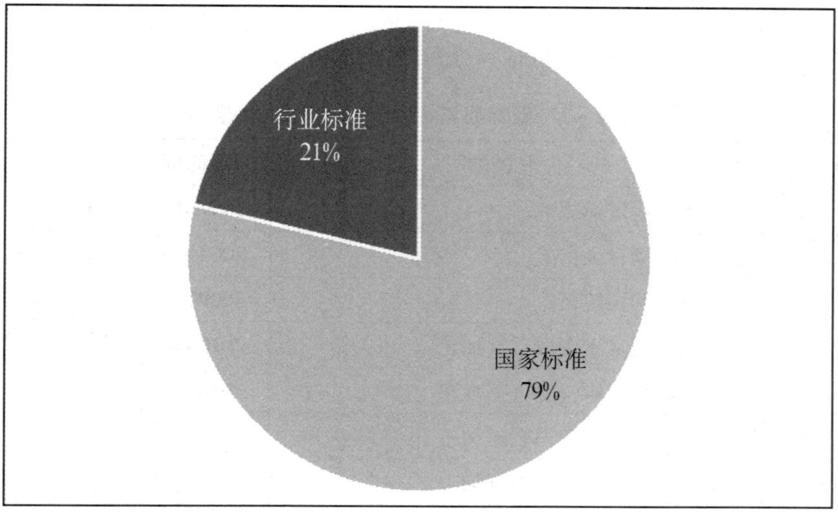

图 7－1　我国现行国家标准与行业标准分布图

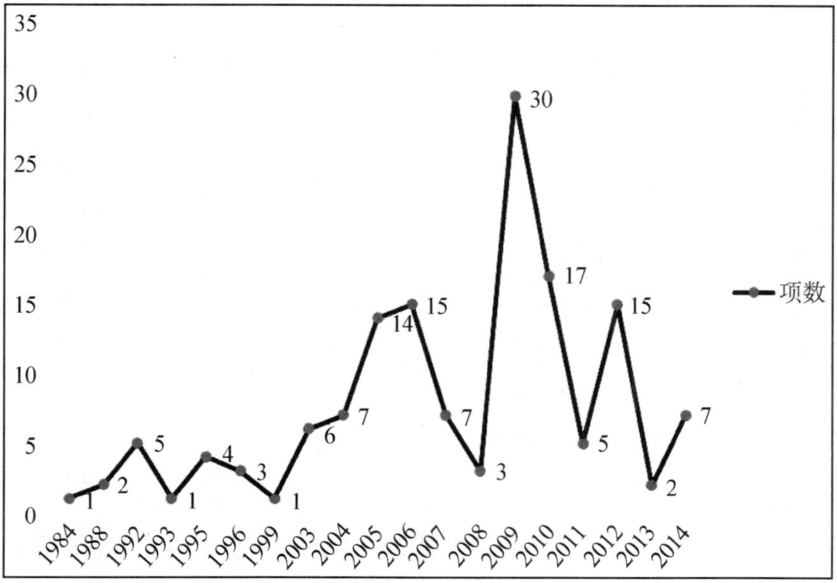

图 7－2　我国现行图书馆标准实施年度分布图

另外，图标委已经立项，但仍在制定和修订中的标准共有 20 项（见表 7－1），其中国家标准 11 项、行业标准 9 项。

表 7－1　图标委正在制定/修订中的标准

序号	标准名称	立项时间	类别
1	图书馆古籍定级规范	2009 年	国家标准
2	图书馆机读目录格式	2009 年	国家标准
3	图书馆机读规范格式	2009 年	国家标准
4	图书馆馆藏文本资源数据加工	2010 年	国家标准
5	图书馆馆藏音频资源数据加工	2010 年	国家标准
6	图书馆馆藏视频资源数据加工	2010 年	国家标准
7	图书馆馆藏图像资源数据加工	2010 年	国家标准
8	《图书馆—射频识别—数据模型》系列标准	2012 年	国家标准
9	公共图书馆少年儿童服务规范	2013 年	国家标准
10	乡镇图书馆管理规范	2013 年	国家标准
11	乡镇图书馆服务规范	2013 年	国家标准
12	视频数据加工标准与工作规范	2011 年	行业标准
13	学位论文元数据规范	2011 年	行业标准
14	乡镇（街道）图书馆统计指南	2012 年	行业标准
15	社区图书馆建设指南	2012 年	行业标准
16	社区图书馆服务规范	2012 年	行业标准
17	图书馆参考咨询服务规范	2012 年	行业标准
18	公共图书馆评估系列标准	2012 年	行业标准
19	图书馆数字资源长期保存信息包封装规范	2013 年	行业标准
20	图书馆行业条码	2013 年	行业标准

进一步分析我国图书馆标准规范的主题内容可以发现，我国图书馆标准规范的主题分布在保存与保护、编码、编目、标识符、分类与标

引、古籍、规范描述、射频技术、术语、数据处理、数据元、缩微技术、图书馆建筑与设施、文献传递与资源共享、文献著录、信息交换格式、元数据、资源采访与馆藏方针等细分类别里。从图 7－3 中可以看出,我国图书馆标准规范集中在以规范描述、数据元、文献著录、元数据等为代表的资源处理的实际业务范围内,以及编码、术语、标识符、各类图书馆相关技术这类基础标准的范围内。

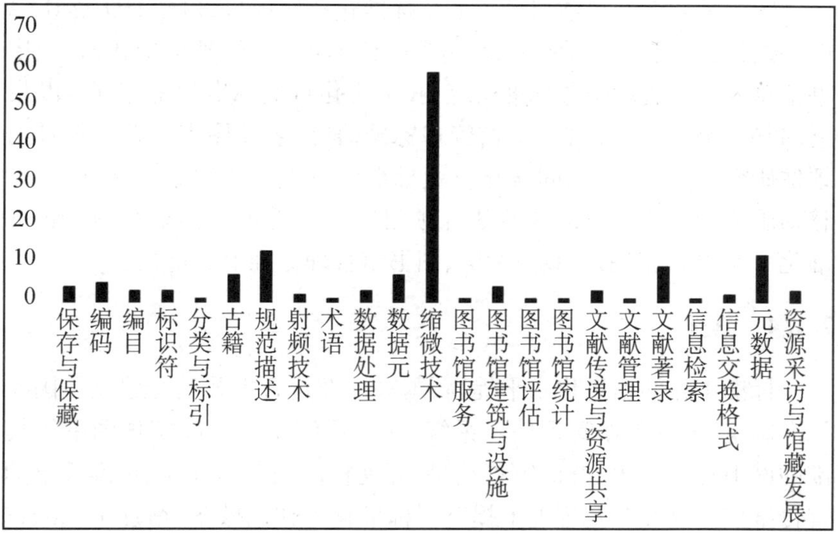

图 7－3 我国现行图书馆标准规范主题分布图

7.1.3 图书馆标准化研究工作

标准化工作的研究为我国图书馆标准化工作提供了理论基础,为实际工作厘清发展方向,是我国图书馆标准化工作持续深入发展的关键要素。我国今年来在图书馆标准化领域的研究工作正在快速开展,研究项目数量增加,研究内容更加广泛,为我国近年来的图书馆标准化工作提供了良好的指导与借鉴。

在科研项目方面,2011 年国家社科基金项目中,在图书情报与文献学类目下,有关标准规范的研究共 4 个项目,2012 年国家社科基金项目中,有关标准规范的研究共有 6 个项目,主要都是关于具体工作的标准体系研究,如"中文知识组织系统形式化语义描述标准体系研究""我国非物质文化遗产建档标准体系研究",稍微宏观一些的是国家图书馆的立项项目"我国数字图书馆标准规范体系及构建机制研究"。

图标委截至到目前启动了 8 个标准化科研项目,包括 ISO 及 IFLA 图书馆标准规范体系研究、公共图书馆卓越绩效管理标准化研究、图书馆总分馆和流动服务标准研究、我国文化行业标准化工作现状及发展趋势研究、乡镇社区图书馆管理标准研究、乡镇图书馆业务统计与评估研究、"十二五"期间文化行业标准化重点工作领域研究、图书馆移动服务标准研究。从这些研究项目中可以看出图标委在图书馆标准化工作规划、图书馆服务标准、图书馆管理标准上的重视。

7.1.4 其他

标准工作的信息化水平提高,国家标准化管理委员会建立了国家标准制定/修订工作管理信息系统,这一系统平台能够实现图书馆标准的网上提案申报、查询审批结果、开展标准征集与评议、标准成果的宣传推广。这在一定程度上提高了标准化工作的效率,增加了标准宣传的渠道。

近几年,我国图书馆标准化工作越来越受到重视,取得了一定的成绩。但是,由于我国标准化工作起步较晚,1978 年恢复 ISO 成员国资格后,我国图书馆标准化工作才开始逐步与国际接轨,因此图书馆标准化工作还存在着许多问题。例如标准与国际结合程度低、标准项目重复、标准管理混乱、标准宣传不足等。下面从图书馆标准规范内容体系和图书馆标准化工作机制两个方面,将我国与 ISO、IFLA 进行比较,以便更为具体地明确我国图书馆标准化工作存在的问题。

7.2 我国图书馆标准规范内容体系与 ISO、IFLA 的比较分析

综合上文,从三个大方面将 ISO、IFLA 和我国的图书馆标准规范内容体系进行比较,可得下表:

表 7-2 ISO、IFLA 和我国的图书馆标准规范内容体系比较

	ISO	IFLA	我国
主题内容	覆盖广泛全面,涉及信息与文献、技术、绩效评估等	覆盖较广泛,涉及编目、图书馆管理、专门图书馆和图书馆服务等	覆盖较广泛,涉及编目、文献著录、主题标引、古籍保护等
研制重点领域	信息描述、基础性通用标准、绩效评估、缩微与电子文献等	编目理论与实践、图书馆服务、保存与保护等	业务工作标准、信息交换规则类标准、古籍相关标准、缩微摄影技术标准等
体系框架	不同机构职责明确,几乎无交叉重复标准;信息资源建设标准和技术标准较多	不同机构分工明确;业务工作标准、服务标准较多	不同机构之间制定的标准存在一些交叉重复;基础业务标准和技术标准较多,服务、管理类标准较少

7.2.1 标准规范的主题内容

ISO 制定的图书馆标准规范涉及主题非常广泛,信息与文献、技术互操作、标识与描述、质量统计和绩效评估等方面的内容都比较丰富和完善。IFLA 图书馆标准规范主题数量也较多,几乎包括了图书馆

业务工作的方方面面,包括缩微技术、图书馆建筑与设施、术语、编目、保存和保护、图书馆服务等。

但在我国的图书馆标准规范所涉及的主题中,有关质量统计和绩效评估的标准、服务的标准等与图书馆工作密切相关的标准还相对比较缺乏,如图书馆服务方面的标准,仅涉及公共图书馆的服务规范、信息检索以及文献传递和资源共享等 3 个方面。显然,在国内图书馆服务内容、服务方式不断发展变化的今天,仅有零星的一些标准是远远不够的。虽然近年来,在业务工作标准制定方面我国有明显的进步,主要体现在相关标准规范由原来着重针对传统纸质文献的加工到更加重视数字资源的加工处理,跟随国际数据处理的趋势,制定实施了一系列元数据规范。但是总体来讲,现有标准的类别还是相对比较集中,覆盖面不够广泛。

总的来讲,相比 ISO 的图书馆标准规范,我国在编目、文献著录、主题标引、古籍保护方面制定了较多标准规范,而 ISO 图书馆标准规范则较少涉及这些领域。ISO 制定了很多音译转换、电子文献管理方面的标准,我国在这两方面的标准则几乎处于空白状态。相比 IFLA 的图书馆标准规范,我国诸如编码、标识符、射频技术等这类技术性基础标准数量和类别较多,而有关图书馆少年儿童服务、图书馆特殊需求人群服务、教育与培训等方面的标准规范,我国除了有一项《公共图书馆服务规范》外,基本上处于空白的状态。

7.2.2 标准规范的研制重点领域

由上文分析可知,ISO 图书馆标准规范研制的重点领域包括:传统的文献信息描述与组织标准;基础性通用标准;绩效评估标准;新技术和新服务标准;文献保存标准;与图书馆相关的缩微摄影技术标准和电子文献管理标准。IFLA 图书馆标准规范研制的重点领域主要集中在 3 个方面:编目理论与实践标准;图书馆服务标准规范(IFLA 重点关注了各种需求的用户服务规范准则,制定的有关少年儿童服务、盲人服务、聋人服务、服刑人员图书馆服务指南等);保存与保护的标准。

从各主题的标准规范数量来看,我国标准化工作的重点领域在以下几个方面:①以规范描述、文献著录为主的文献加工类的业务标准规范,如《汉语叙词表编制规则》《索引编制规则(总则)》《普通图书著录规则》《检索期刊条目著录规则》等;②以书目数据元、各类型元数据标准规范为主的信息交换规则类的标准规范,如《视频资源元数据规范》《信息与文献—都柏林核心元数据元素集》《电子图书元数据规范》《信息与文献　书目数据源目录　第3部分:情报检索》等;③古籍相关的标准规范,包括古籍书库的要求、古籍破损定级的标准、古籍修复技术规范等;④与图书馆相关的缩微摄影技术标准,如缩微拍摄古籍标准、缩微摄影设备标准、质量控制和测量方法标准。

与 ISO 和 IFLA 的图书馆标准规范的研制重点相比,较为基础的文献信息加工组织的标准是三方都较为关注的内容,缩微摄影技术标准是我国和 ISO 重点研制的标准。总体说来,我国标准规范的重点领域更多地集中在文献数据加工和交换等基础的业务标准方面以及我国独特的古籍加工保存的标准,而在质量统计和绩效评估、图书馆服务以及保存保护方面的标准规范研制力度不够。

7.2.3　标准规范体系框架

从主要归口单位制定的标准所涉及的主题领域来看,我国图书馆标准规范内容体系如下:

表 7－3　我国各相关机构制定的图书馆标准规范体系

	涉及的主题领域	
文标委	文献信息描述与组织方面	图书书名页、期刊目次表、叙词表的编制、索引及文摘编制、条目排序规则、期刊编写规则、科技报告编写规则、各类型文献著录规则、编目、主题标引、书目数据元目录

续表

	涉及的主题领域	
	代码、编号、编码方面	国家和地区名称代码、中国标准书刊号、中国标准视听作品号、文献类型和文献载体代码、中国标准文本编码、中国标准音乐作品编码、中国标准录音制品编码、民族名称罗马字母拼写法和代码
	技术互操作方面	馆际互借、信息检索应用服务、检索命令集、元数据元素集、电子文档交换、信息交换格式、书目数据交换用字母编码字符集
	统计与绩效方面	图书馆统计、图书馆绩效指标
	文献保存方面	文献用纸耐久性要求、档案用纸耐久性要求、文献保存要求、纸质文献的装订要求
文影标	缩微摄影技术、缩微摄影设备、质量控制和测量方法、缩微拍摄古籍、电子成像	
图标委	公共图书馆服务规范、古籍书库要求、数据加工规范、元数据规范、图书馆数字资源统计规范、数字资源长期保存、RFID、数字对象唯一标识符	
文化部	古籍修复技术、古籍特藏书库要求、古籍特藏破损定级、古籍普查、古籍定级机读目录格式、图书馆行业条码	
其他	图书馆建筑标准	

与上文 ISO 的标准规范体系相比可以看出，ISO 各个标准制定机构所负责的主题范围比较明确，基本上不同机构之间没有交叉重复制定标准的情况，而我国标准的主要归口单位制定标准的主题内容则存在一些交叉重复现象，不同制定机构负责的主题范围不够明晰。

根据图书馆的微观工作体系来看，我国图书馆标准规范内容体系又可表示如下：

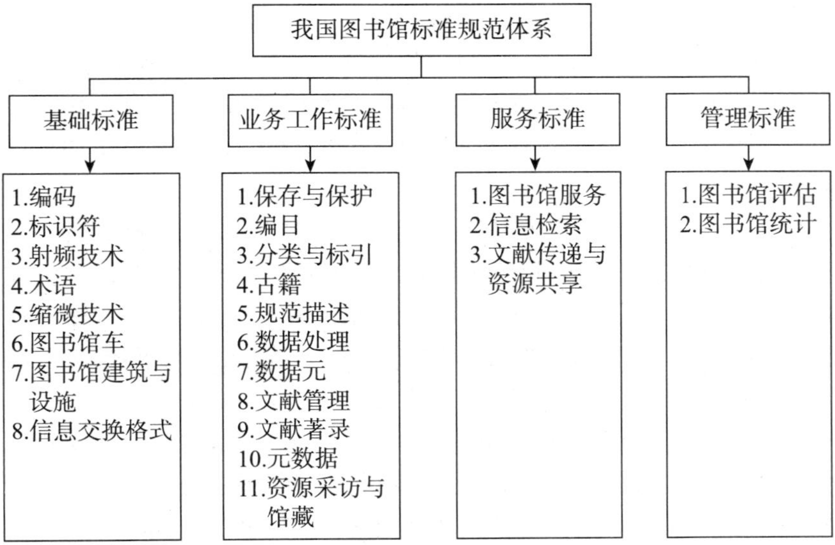

图 7－4　我国图书馆标准规范体系架构

与 IFLA 相比可以看出，我国图书馆标准体系中的基础标准类别较多，而服务标准不够丰富，专门图书馆标准缺乏，每一个类别下面标准规范内容主题的结构也有较大的不同。与 IFLA 图书馆标准规范体系相比，我国在基础标准方面有更丰富的主题内容，不仅包含了 IFLA 所涉及的主题，还有诸如标识符、编码等在内的基础标准；在业务工作标准方面，我国的标准对实际工作内容的系统性规范还不够，现行的标准主要规范的大都是实际工作中的细节组成部分，例如数据元的确定、数据处理的规范，而 IFLA 更多的对原则性问题、业务工作中的重点问题如书目著录、机读目录等做了系统性的规定；我国在图书馆服务标准方面的标准规范数量少、涵盖的内容也比较单一；针对不同类型图书馆的需求，IFLA 有一系列专门图书馆的标准规范，而我国在这一方面也相对缺乏。

7.2.4　标准规范的类别与形式

ISO 的图书馆标准均由其技术委员会中来自各领域的专家共同自

主研制，突出特点是与新技术紧密结合。我国的标准大部分是直接采用国际标准和国外先进标准，自主创新的标准较少。我国现行的 145 项图书馆标准中，共 105 项采用国际标准和国外标准，占全部标准总数的 72%，其中采用 ISO 标准 100 项、采用 IFLA 标准 4 项、采用美国国家标准 1 项。

IFLA 的标准规范主要以指南、规范的形式出现，明确指出各国图书馆在工作实践中普遍应该关注的事项及问题，再据此给出一些具体的建议。这样的标准规范形式其实有利于各国在实际工作中参考使用，相关标准的制定可以借鉴 IFLA 指出的普遍性原则、事项，然后再根据我国的具体情况予以细化，并适当加入量化指标即可。

相较而言，我国图书馆标准规范主要以国家质检总局和国家标准化管理委员会发布的正式的国家标准及行业标准为主，标准的通用性较强，但细分程度不够，对一些具体工作的指导比较缺乏。同时，一些专业机构和组织会制定一些指南性质的文件，例如中国图书馆学会制定了一系列有关图书馆评估的标准细则，包括省图书馆、省少年儿童图书馆、县图书馆等不同级别图书馆的评估标准细则①；全国文化信息资源共享工程制定了包括电影类节目、动画片类节目、讲座类节目、舞台艺术类节目、专题类节目等专门的编目实施细则以指导和规范全国文化信息资源共享工程的资源加工问题，但这些规范所适用的范围又相对较窄。

7.3 我国图书馆标准化工作机制与 ISO、IFLA 的比较分析

通过前文的研究，我们从管理体制、标准制定流程、工作战略规划等方面将 ISO、IFLA 和我国的图书馆标准化工作机制进行比较，

① 中国图书馆学会评估标准细则列表[EB/OL].[2014－05－05]. http://www.lsc.org.cn/cn/hyxt2012/tsgpg2012.html.

可得下表：

表 7-4 ISO、IFLA 和我国的图书馆标准化工作机制比较

	ISO	IFLA	我国
管理体制	技术管理委员会统一管理协调;通过联合工作组的形式共同制定交叉性标准	设立标准化管理委员会统筹协调	有国家标准化管理委员会和文化部两个管理部门,缺乏有效协调
标准制定流程	严格、透明、详细,官网对标准制定进度公开及时且清晰	较完善,但还未发布正式的官方文件,通过官网和会议及时发布相关事宜	详细、完善,但制定进程公开度不够
工作战略规划	每年举办 ISO 全体大会,设立战略政策委员会;战略规划周期为 5 年	战略规划周期为 5 年,每年确定当年的关键行动	图标委制定了标准化工作规划纲要,指明重点工作领域
宣传推广	形式多样,采用新技术,包括网站、社交平台等,鼓励消费者参与标准开发,设立消费者政策委员会	通过会议和官网宣传为主;各专业组网站页面发布标准规范全文获取链接及标准制定/修订情况	会议专题报告、成果展示、主题研讨,开展教育培训工作,文标委和文影标无独立网站
经费保障	成员会费、版权和服务收入、发展中国家基金、金融投资收入等,与市场结合紧密	捐赠、会员费、活动收入、专项项目基金等	中央财政公益性行业科研专项经费、标准化咨询服务收入等,主要依靠政府经费支持

7.3.1 管理体制方面

ISO 和 IFLA 的组织管理机构设置合理，责权明确。ISO 由技术管理委员会统一管理各技术委员会的技术工作，负责建立技术委员会，监督技术工作的进度，负责处理所有的战略计划问题和协调问题。制定图书馆相关标准的技术委员会都下设具体分委会和工作组，分工明确，遇到交叉性、边界性的标准，则由不同技术委员会组成联合工作组合作制定相关标准。而标准的发布和宣传工作则由中央秘书处协调各技术委员会秘书处执行。IFLA 采用的是相对扁平化的管理体制，其标准规范的制定/修订由 40 多个专业组负责，标准制定/修订部门数量虽然多，但每个专业组代表一个专业领域，分工明确，彼此互不交叉，其制定出的标准规范也不会重复。在这些专业组之上设置标准化管理委员会，统筹协调各专业组的标准制定/修订工作，这使 IFLA 的标准规范管理既精细化又有整体性，形成良好的规范体系。

我国图书馆标准化工作管理机构不统一，有国家标准化管理委员会和文化部两个管理部门，缺乏有效沟通协调，容易造成管理上的漏洞和管理混乱。如我国《行业标准管理办法》规定，“行业标准在相应的国家标准实施后，即行废止”，但我国目前存在行业标准和相应国家标准同时存在的情况，如行业标准 WH/T 24—2006 图书馆古籍特藏书库基本要求和国家标准 GB/T 30227—2013 图书馆古籍书库基本要求同为现行标准。再如，标准重新修订发行后，旧标准仍为现行标准，未被废止，这容易给相关工作带来困扰，如 GB/T 3469—2013 信息资源的内容形式和媒体类型标识发布实施后，旧标准 GB/T 3469—1983 文献类型与文献载体代码还没有被及时废止。另外，目前我国图书馆标准规范的制定/修订有三个归口单位，各个归口单位之间没有明确的职责界限，分工不甚明确，且三个单位之间缺乏一个统一的协调指导机构，致使标准制定/修订工作可能产生重复，加之没有一个明确的图书馆标准规范体系作为指导，这就使我国图书馆标准规范的管理较分散，缺乏一定的整体性和系统性，容易造成标准项目安排分散重复，资金浪费和重复劳动等问题。

7.3.2 标准制定流程方面

ISO 有一套严格有效、具有可操作性的制定标准、审批标准、发布标准、复审标准、修订标准及废止标准的流程，并为标准的不同阶段编制了翔实细致的阶段编码。通过阶段编码即可明确目前标准所处的具体发展阶段。而 ISO 官方网站及时更新所有标准的当前信息，使得 ISO 的标准工作完全公开、透明，也确保了 ISO 标准的质量。IFLA 图书馆标准规范的制定程序也比较完善，主要包括创建草稿、世界评估、定稿、投票和出版 5 个阶段，每个阶段都有具体的工作方法，且整个标准制定/修订过程公开透明，相关事宜都会及时在各种会议和网站上发布，成员可以及时跟进标准制定/修订的过程并有一定程度的监督反馈效果。

我国标准制定程序划分为 9 个阶段，预研阶段、立项阶段、起草阶段、征求意见阶段、审查阶段、批准阶段、出版阶段、复审阶段、废止阶段。以图标委为例，在标准的预研、立项、起草阶段，图标委根据国务院标准化主管部门和文化部标准化行政部门的要求，提出国家标准制定/修订计划报送相关部门审批，或是对于主管部门下达的任务，图标委组织实施及指导标准起草单位或工作组进行标准化工作，完成标准的预研、立项与起草；在征求意见阶段，由工作组或标准的主要起草单位提出标准征求意见稿，并将征求意见稿分送给相关单位及个人征求意见，时间一般为两个月，工作组综合各方意见对草案进行修改形成送审稿，报送秘书处；在审查阶段，需要经过主任委员和全体委员两次审查，审查时应协商一致，如需表决，则要有三分之二以上的委员到会，并经到会委员四分之三以上同意，方可通过；在批准阶段，首先要有标准主要起草单位或工作组根据审查意见进行修改，并按要求提出报批稿，标准报批稿经秘书处复核，秘书长签字并送主任委员审核后，按规定程序报国务院标准化主管部门批准发布。图标委一般每年召开一次工作会议，总结上年度工作，安排下一年的计划①。

对于以下两种情况可以采用快速程序，一是对等同采用、等效采用国际标准或国外先进标准的标准制定/修订项目，可直接由立项阶段进入征求意见阶段，省略起草阶段；二是对现有国家标准的修订项目或中国其他各级标准的转化项目，可直接由立项阶段进入审查阶段②。标准制定过程中的每个阶段也有具体的工作方法，但工作程序不够公开，无法及时准确地了解标准制定/修订的最新进展，且缺乏一定的反馈监督机制。

另外值得注意的是，ISO 会定期对标准制定流程的各个环节进行彻底清查，以完善国际标准制定流程，缩短标准制定周期，提高标准质量。而我国目前使用的标准制定流程仍为 1997 年国家标准 GB/T 16733—1997 规定的标准制定程序，几乎没有进行过优化完善。

7.3.3 工作战略规划方面

ISO 极其重视组织的战略规划，每年的 ISO 全体大会由来自 160 多个国家的成员机构讨论决定 ISO 的战略目标，ISO 设立专门的战略政策委员会提供战略政策建议，设立具体的机构监管战略规划和行动计划的实施情况。可见，ISO 从战略规划的提出、讨论决定到实施、监督各个环节保证了战略规划的科学合理性和有效实施性。ISO 以 5 年为一周期的《ISO 战略规划》和《ISO 发展中国家行动计划》不仅提出总体的战略目标，而且还制定出具体的实现方案。IFLA 的战略规划周期同样是 5 年，在这期间的每一年都会确定当年的关键行动。

在我国图书馆标准化领域，虽然图标委制定了《全国图书馆标准化工作“十二五”规划纲要》，指出当前阶段图标委的重点工作领

① 全国图书馆标准化技术委员会章程（草案）[EB/OL].[2014-05-06]. http://www.nlc.gov.cn/tbw/bzwyh_gywm_gzzd02.htm.

② 中国国家标准制/修订程序[EB/OL].[2014-05-06]. http://www.sac.gov.cn/zwgk/bzhgl/201011/t20101123_4721.htm.

域，但制定大量图书馆相关标准的文标委和文影标并没有制定明确的发展规划。最重要的是，我国图书馆标准化工作缺少一个协调统一的战略规划，没有明确的图书馆标准规范体系框架，这导致我国图书馆标准化工作缺乏科学合理的统一指导，因此在很大程度上存在盲目性。

7.3.4 宣传推广方面

ISO 国际标准的宣传和营销形式多样，富有创新性，且积极采用新技术。除通过各成员国在其国内的宣传外，ISO 还通过自己的网站、在线浏览平台宣传推广国际标准，积极利用社交网络平台，如博客、Facebook、Twitter、Google Plus、YouTube 等，通过文字、图片、音频、视频等多种形式分享 ISO 标准的新闻，与用户进行交流，获得反馈信息。最值得关注的是，ISO 鼓励和支持广大消费者参与标准的开发过程，并设立消费者政策委员会维护消费者在标准中的利益。在图书馆领域，用户和读者等同于"消费者"，而图书馆则为"产品或服务的提供者"。在标准开发中，越多的消费者参与，产品和服务就越能满足消费者的需求，同时也是在无形之中有效地宣传推广了相关的标准规范，这对消费者和产品或服务的提供者来说是双赢。IFLA 的图书馆标准规范宣传推广工作主要依靠会议和官方网站的信息发布，在会议上颁布和宣传新标准规范，对迅速扩大标准规范的认知度有重要作用。特别要提的是各专业组在网站页面上发布标准规范全文的获取链接以及标准制定/修订的情况，成员和研究者都可以很方便地获取所需求的资源，对标准规范的宣传和推广有较好的效果。

我国图书馆标准规范的宣传推广工作也会通过在各种会议上进行专题报告、成果展示、主题研讨，以及进行标准规范的教育培训工作来开展。例如图标委就在 2012 年中国图书馆年会上策划组织了"我国图书馆标准化工作"会议。会上，图标委就其归口管理的国家标准《公共图书馆服务规范》进行了多个维度的解读，并且同与会专家一起就主题报告进行探讨学习，较好地宣传了新标准，提高大家的关注度。

我国“数字图书馆标准与规范建设”项目组于2008年开展“数字图书馆标准与规范建设”高级培训活动，宣传推广数字图书馆的各类技术标准。但在我国图书馆标准化工作中对标准规范的整理和成果展示相对缺乏，三个归口单位仅图标委有独立的网站，用户可以通过其官网了解其标准制定/修订的情况、工作机制、工作规划等，起到了不错的宣传效果，而文标委和文影标都没有独立的网站，这使得用户要了解其构架、各分委员会的情况以及两个单位各自制定/修订的标准规范情况都较困难，这对委员会工作及其指定的标准规范的宣传推广都较为不利。另外，我国标准制定过程中并没有为用户充分提供参与的机会，没有制定用户参与的鼓励和管理机制，标准的推广实施情况也缺乏评估。

7.3.5 经费保障方面

ISO 的经费来源主要有 ISO 成员缴纳的会费，销售 ISO 标准收入、使用 ISO 产品的版权许可收入及服务收入，发展中国家基金，金融投资收入。ISO 的经费来源和市场结合比较紧密，因此具有较大的灵活性。IFLA 的经费主要来自于一次性捐赠和定期的捐赠、会员费、通过遗嘱继承和特殊的遗赠而来的财产、各种补贴补助奖金等、由基金会组织的活动所获得的收入、筹款活动所获收入以及其他一切收入。对一些重要的项目，IFLA 会设置多层次的管理机构，提供专项项目基金支持并争取合作机构的经费支持，保证标准规范制定/修订项目的顺利进行。

我国图书馆标准化工作的组织支持包括了三大归口单位的专业支持，以及图书馆、其他专业机构及高校的技术支持。经费来源主要有中央财政设立的公益性行业科研专项经费①、国务院标准化主管部门和文化部标准化行政主管部门提供的标准制定/修订补助、标准化

① 财政部，科技部. 公益性行业科研专项经费管理试行办法[EB/OL]. [2014-05-08]. http://www.most.gov.cn/ztzl/gjzctx/ptzckjtr/200802/t20080222_59211.htm.

委员会秘书处承担单位提供的工作经费以及主要委员所在单位自愿提供的补助、委员及观察员所在单位自愿交纳的费用、开展本专业标准化咨询服务工作的收入等,经费来源主要还是政府的经费支持。这样的经费保障通常比较稳定,但是也会导致标准化工作相对保守而不能完全放开手脚,行政化色彩浓重,缺乏创新和活力。

7.4 对我国图书馆标准化工作的建议

7.4.1 完善图书馆标准规范的内容体系

(1)全面梳理我国图书馆标准规范

从20世纪80年代开始,我国图书馆标准化工作就逐步开展,截至目前,共制定国家标准及行业标准百余项,取得了一定的成果,但我国图书馆标准规范还存在很多问题。首先,已有标准规范略显陈旧,标准内容还主要集中在文献著录、文献描述与组织等传统图情领域,一些已经过时的标准也没有及时修订或重新制定,虽然依旧现行,但是其指导作用已非常微弱;其次,标准规范存在重复建设的现象,一些内容相似或基本相同的标准规范同时存在,例如文化行业标准《WH/T 23—2006 古籍修复技术规范与质量要求》与国家标准《GB/T 21712—2008 古籍修复技术规范与质量要求》的内容近似,但却同时存在于现行标准中。

所以,图书馆标准规范组织机构应该全面梳理我国现行标准,对于不符合实际需要的标准一律废除;对于需要修订的标准及时予以修订,标准修订完成后,将原标准废止;对于内容重复的标准进行认真的比对,留下一个最优标准作为现行标准或者将重复的标准进行综合得到新的现行标准,以保证每一项现行的图书馆标准规范都能适用于当前图书馆工作。

(2)构建科学的图书馆标准规范体系结构

构建明确的图书馆标准规范体系框架是完善图书馆标准规范体系的关键内容。因为明确的图书馆标准规范框架不仅能直观地描绘图书馆标准化工作的发展蓝图,还能够反映目前图书馆标准规范的全局,包括不同系统不同层次的图书馆以及不同类型标准的发展情况。通过图书馆标准规范框架,能够明确目前比较欠缺的图书馆标准规范,从而及时做出标准化工作重点领域和发展方向的调整。

我国目前尚未正式确立一个权威的图书馆标准规范体系结构,在没有一个系统性框架的指导下,我国图书馆标准规范建设显得杂乱,某些领域的标准规范大量建设,例如传统文本的规范描述、著录、资源加工处理等,而有的领域却长期缺乏,例如图书馆服务、图书馆管理方面的标准。因此非常有必要加大对图书馆标准规范体系构建的研究,借鉴国外的先进经验,结合我国的实际情况,构建一个科学的图书馆标准规范体系结构,为我国图书馆标准化工作的科学可持续发展提供一个宏观的指导,使标准的制定工作既能有所侧重,又能整体协调。

(3)加强图书馆标准规范的研究,提升自主研制能力

目前,我国图书馆标准规范的研制水平与国外先进水平还有一定的差距,为了缩短与国际先进水平的距离,我们应该做好两方面的工作。首先,加大对国际标准化机构如 ISO 和相关专业机构如 IFLA 的图书馆标准规范的研究力度,结合我国实情,有选择有重点地采用国际标准,提高采标率。我国作为 ISO 的成员国,尤其是作为 TC46 和 TC171 的积极成员,应该充分利用 ISO 的国际标准成果,对于基础的通用性技术标准(如术语、代号、编码、编号、标识符、缩微摄影技术等)、新技术在图书馆中的创新性应用标准(如 RFID 在图书馆中的应用、电子文献保存和管理)和信息资源建设中的基础通用性标准(如标题的规则、文摘和索引规则、期刊目次表、编目规则、元数据规范等),我国可以直接采纳作为我国标准;对于图书馆管理标准(如图书馆统计、图书馆绩效指标、图书馆建筑统计)和服务标准,应结合我国实际,在参考借鉴 ISO 和 IFLA 相关标准内容和思路的基础上进行本土化修改,制定我国图书馆标准规范。其次,要努力自主创新,我国可以在我们擅长的领域如古籍的加工与利用等,通过充分利用自身优势在国际图书馆标准化工作中发挥积极作用。

7.4.2 建立健全图书馆标准化工作机制

(1)加强组织机构建设,增强机构之间的交流协调

图书馆标准化工作的三个归口单位应分别加强组织机构建设。首先,要在合理规划,协调分工的基础上,重新确定和成立相关分技术委员会,尽量使各技术委员会明确各自的工作范围与工作重点,避免重复。其次,要尽快建立图书馆相关标准化工作机构之间的协调合作机制,以加强图书馆标准化工作中的交流与协调。具体来说,在三个归口单位中分别设立专门的对外联络协调部门,负责协调图书馆标准化工作中的关系。在标准立项及审查阶段,协调与其他相关标准化技术委员会的业务协作,避免出现重复立项造成的人力、财力损失;在标准管理阶段,与其他标准化技术委员会协调沟通,避免出现因权责模糊而造成的标准管理混乱,如出现多头管理和监管空白等。再次,借鉴 ISO 和 IFLA 组织机构建设的经验,设立具有反馈机制的部门,在标准制定和实施过程中,获得图书馆相关业务工作人员及图书馆用户的需求和意见,这不仅有利于提高标准的适用性,同时也有利于标准的修改完善。最后,借鉴 ISO 设立发展中国家事务委员会(DEVCO)的做法,在图标委中建立一个专门机构,负责帮助提高我国落后地区图书馆标准化水平,提高落后地区在图书馆标准化中的参与度,从而提高我国图书馆标准化工作的整体水平。

(2)优化标准制定流程,注重监督与反馈

ISO 注重对国际标准制定流程的改进和优化,一方面在全体大会上讨论、研究加速标准制定/修订速度的有关措施和计划,另一方面将标准制定/修订程序改革列入 ISO 战略规划中,并提出具体改革方法。我国也应将优化标准制定流程纳入年度会议讨论及发展规划之中,进一步明确图书馆标准制定流程,定期彻底地检查流程的各个环节(标准的计划、制定、审批、发布、复审、修订等),以优化标准制定流程,确保标准制定/修订过程科学、规范、合理,同时缩短标准研制周期,提高标准质量。还可充分利用先进信息技术、网络技术优化标准制定流

程，提高标准制定/修订效率。如通过召开网络会议讨论标准工作，增加会议灵活性，提高标准制定/修订速度；再如建立图书馆标准化工作的网络信息平台，实现图书馆标准项目的网上申报、意见征求、审批、公示及成果的宣传推广。

另外，要注重监督与反馈环节的建设。目前我国标准制定过程存在的一个重要问题是有关规定不能得到有效的实施，例如我国规定国家标准的复审周期不超过 5 年，但不少图书馆标准在出版后便疏于维护，不能按要求进行复审和修订，使标准化工作滞后于业务实践，所以应该加强标准制定/修订工作的监督与反馈。一方面要完善监督体系，推动标准制定/修订工作按规定落实，对于不能按规定进行的予以适当惩罚；另一方面，应该建立开放有效的反馈机制，及时听取图书馆标准使用过程中的意见和疑问，并及时妥善处理。

(3)适度完善管理体制，扩大经费来源

适度完善以政府为主导的标准化管理体制，充分调动和发挥非政府机构（如图书馆学会、图书馆行业协会等）的积极性和创造力，使得政府行为和非政府行为在标准化工作中形成不同层次的合理分工和协作。政府行为的主要职责是监督管理，即政府在监督管理方面要有所作为，而在具体标准的制定和实施方面政府应有所不为，这些工作可以让非政府机构去做①。同时，发挥行业协会、学会吸收资金的能力，拓展标准化工作的经费来源渠道，就可以为标准化工作的深化发展提供更加有力的经济保障。这样既能使图书馆标准化工作充满创新活力，同时也有利于对市场的需求做出快速反应，以制定满足需求的标准。适度调整管理体制，有利于减轻图书馆标准化工作对政府投入的过分依赖，也有利于增加经费管理的灵活性。

(4)重视标准的推广实施及其监管和评估

图书馆标准不是制定完就可以了事的，图书馆标准只有通过有效

---

① 郑展鹏. 标准化战略的国际借鉴及中国的路径选择[J]. 湖北经济学院学报，2010，8(1)：57.

的推广实施才能发挥其作用。提高图书馆标准开发过程的透明度和开放性,采取全程开放的形式随时吸收各方的意见,有利于促进图书馆标准的推广实施。保证了图书馆标准规范制定过程的开放性和标准规范成果的开放性,制定的图书馆标准规范就能够充分地满足各方的需求,进而推动图书馆标准规范的广泛应用。在具体做法上,可以借鉴 ISO 的标准阶段编码和 ISO 官方网站,制定我国图书馆标准阶段编码、建立我国图书馆标准规范专门网站,公开发布并及时更新我国图书馆标准规范的信息。

其次,对图书馆标准推广实施工作进行监管和评估也尤为重要。在对图书馆标准推广实施的监管中,不仅可以检查标准实施的情况,了解标准推广实施中存在的问题和遇到的困难,及时给予帮助、纠正和指导,同时能够获得标准的反馈意见,利于日后标准的修订工作。我国应设立一个专门的监管小组,监管小组的成员最好是图书馆领域资深的专业工作人员,从而在图书馆标准推广中起到良好的监督作用。评估则是一个过程,也就是对每一项已发布的图书馆标准的推广实施工作进行评价考核,评价考核既便于了解标准推广实施的实际情况,发现存在的不足,利于标准推广实施工作的调整,同时也对标准的实施起到良好的督促作用。我国有关管理机构应该针对不同类型的图书馆标准分别设计不同的评价考核标准,制定适合不同类型标准的评价体系。对图书馆标准推广实施的评估要做到科学、合理、客观、公正,这样才能反映图书馆标准推广实施的真实情况,督促各图书馆贯彻实施好标准。

(5)加强宣传力度,多渠道宣传图书馆标准化

加强对图书馆标准化知识和图书馆标准规范的宣传,有利于提高人们对图书馆标准规范体系的关注度,提高人们对图书馆标准规范价值的认可和理解,有利于图书馆标准规范的贯彻实施,也有利于争取外部环境和政府部门的资金支持。目前,图书馆标准规范没有得到人们的普遍关注,制定的图书馆标准宣传力度也比较有限,因此我国应采取多种渠道加强对图书馆标准规范的宣传。首先,标准的宣传不能

局限于制定标准的人群，应扩大宣传范围，向真正需要使用标准的人群（如图书馆相关业务工作人员）宣传；其次，宣传形式不应拘泥于单一的会议形式，应采取多样化、新颖性的形式宣传图书馆标准规范，特别是充分利用新兴技术，如利用博客、微博、微信、人人网、优酷视频等新媒体宣传图书馆标准化工作机构及图书馆标准规范，提高知名度与影响力；再次，对用户积极开展形式多样的培训与教育活动也是宣传的重要途径之一。

（6）制订科学合理的发展规划

标准化工作的发展规划包括年度计划、阶段性规划和长远规划。科学合理的发展规划能够为图书馆标准化的近期工作和中远期发展提供正确的指导，使图书馆标准化工作能够按照计划和步骤有条不紊地开展。目前图书馆标准化工作涉及内容较多，因此在制订发展规划时，不能眉毛胡子一把抓，不分轻重缓急，要突出工作重点，分阶段分步骤开展标准化工作。而且，图书馆标准化工作的发展规划应在充分调研的基础上，由图书馆标准化工作专家、图书馆学专业研究人员、政府代表和其他利益相关方共同讨论后制订。另外，发展规划应避免只提出空泛的发展目标，要制订出详细具体、可操作性强的实施计划，只有这样才能更好地指导图书馆标准化工作。

（7）加强对重点领域所提供的组织支持

组织支持有助于推动标准化工作的系统开展和深入发展。IFLA 会根据实际需要，对重点项目成立不同的组织以保障其顺利有效的开展，如 ISBD 的制定/修订工作，不仅有 IFLA 编目专业组的统一管理，在工作过程中还陆续成立了 3 个工作组共同开展活动。而我国图书馆标准的制定/修订工作常常因为无相对稳定、持续的维护机构，无专职的编修人员，缺乏各级图情学会的组织协调而导致组织松散，影响到标准的制定/修订工作。所以，对于重要的标准制定/修订项目，为使制定/修订工作更好地进行，应该组建一个强大的工作组，全面负责标准的制定/修订、推广和实施工作，自始至终实行统筹管理，制订修订的目标计划，争取专项基金的支持等。

（8）加强对标准化工作人员的培训

根据图书馆标准化工作的目标及标准化工作人员的实际需求，设计相应的培训活动，依据培训活动内容组织、邀请培训老师。培训老师可以是国内图书馆标准化领域的资深工作人员或是承担图书馆标准化科研项目的学者，也可以是 ISO 或者国外标准组织的交流学者和专家。

标准化工作的培训应该保持连续且系统化，因为以网络技术、信息处理技术、新媒体技术、识别技术等为代表的现代信息技术的发展对我国图书馆标准化工作提出了越来越多新的要求，另外，读者和用户对于信息的多元化需求和对信息服务质量越来越高的要求也对我国图书馆标准化工作带来了更大的挑战。图书馆标准化的相关工作人员只有接受连续系统的培训，不断学习标准知识，提高工作能力，才能满足图书馆事业不断发展的需要。

（9）积极开展图书馆标准化工作的奖励与激励工作

设立一系列公平合理的奖励措施，能够留住拥有高水平标准化工作能力的人才，能够提高标准化工作者的工作热情和精神状态，使标准化工作者感受到被认可和肯定，有利于推动标准化工作水平的提升。

做好图书馆标准化工作的奖励工作，首先要秉持客观、公正、公开的原则，减少人为主观的判断，制订符合工作实际的奖励计划和方案，根据方案严格评审，真正实现对标准化工作者的激励。激励主要包括物质奖励和精神奖励，物质奖励如奖金、纪念品等，精神奖励如参与国际组织的交流、召开表彰大会、颁发奖励证书等。其次，奖项的设置应尽量覆盖全面，以促进图书馆标准化工作的全面发展。既要设立奖励标准化工作团体（如专业技术委员会或分委会、教育机构等）的奖项，也要设立奖励个人（如标准化科研学者、青年标准化工作人员等）的奖项。再次，要取消目前存在的不符合我国标准化工作实际的奖励措施。总之，我国应不断开展和完善图书馆标准化工作的奖励激励工作，以激发标准化工作人员更好地投入到图书馆标准化工作中。

附　录

附录 1:ISO 现行的图书馆标准规范(170 项)

序号	标准号	标准名称(英文)	标准名称(中文)	ICS	发布年份	制定者
1	ISO 8:1977	Documentation – Presentation of periodicals	文献　期刊的表示	01. 140. 40	1977	TC46
2	ISO 18:1981	Documentation – Contents list of periodicals	文献　期刊的目次表	01. 140. 40	1981	TC46
3	ISO 214:1976	Documentation – Abstracts for publications and documentation	文献　出版物和文献的摘要	01. 140. 20	1976	TC46
4	ISO 215:1986	Documentation – Presentation of contributions to periodicals and other serials	文献　对期刊和其他连续出版物撰写的描述	01. 140. 20	1986	TC46
5	ISO 1086:1991	Information and documentation – Title leaves of books	信息与文献　图书书名页	01. 140. 40	1991	TC46
6	ISO 2145:1978	Documentation – Numbering of divisions and subdivisions in written documents	文献　书面文献的章节编号	01. 140. 40	1978	TC46
7	ISO 2384:1977	Documentation – Presentation of translations	文献　译本的描述	01. 140. 40	1977	TC46

续表

序号	标准号	标准名称(英文)	标准名称(中文)	ICS	发布年份	制定者
8	ISO 5122:1979	Documentation – Abstract sheets in serial publications	文献　连续出版物的文摘页	01. 140. 20	1979	TC46
9	ISO 5123:1984	Documentation – Headers for microfiche of monographs and serials	文献　专著与期刊缩微平片的标头	01. 140. 20	1984	TC46
10	ISO 6357:1985	Documentation – Spine titles on books and other publications	文献　图书和其他出版物的书脊规则	01. 140. 40	1985	TC46
11	ISO 7144:1986	Documentation – Presentation of theses and similar documents	文献　论文和类似文献的表示	01. 140. 40	1986	TC46
12	ISO 7154:1983	Documentation – Bibliographic filing principles	文献　书目归档原则	01. 140. 20	1983	TC46
13	ISO 7275:1985	Documentation – Presentation of title information of series	文献　连续出版物题名信息的表示	01. 140. 40	1985	TC46
14	ISO 15924:2004	Information and documentation – Codes for the representation of names of scripts	信息与文献　正本名称的表示代码	01. 140. 10/ 01. 140. 20	2004	TC46
15	ISO 9:1995	Information and documentation – Transliteration of Cyrillic characters into Latin characters – Slavic and non-Slavic languages	信息与文献　从基利耶字符到拉丁字符的转写 斯拉夫语和非斯拉夫语	01. 140. 10	1995	TC46

续表

序号	标准号	标准名称(英文)	标准名称(中文)	ICS	发布年份	制定者
16	ISO 233:1984	Documentation – Transliteration of Arabic characters into Latin characters	文献　从阿拉伯字符到拉丁字符的转写	01. 140. 10	1984	TC46
17	ISO 233-2:1993	Information and documentation – Transliteration of Arabic characters into Latin characters – Part 2:Arabic language – Simplified transliteration	信息与文献　从阿拉伯字符到拉丁字符的转写　第2部分:阿拉伯语 – 简化转写	01. 140. 10	1993	TC46
18	ISO 233-3:1999	Information and documentation – Transliteration of Arabic characters into Latin characters – Part 3:Persian language – Simplified transliteration	信息与文献　从阿拉伯字符到拉丁字符的转写　第3部分:波斯语 – 简化转写	01. 140. 10	1999	TC46
19	ISO 259:1984	Documentation – Transliteration of Hebrew characters into Latin characters	文献　从希伯来字符到拉丁字符的转写	01. 140. 10	1984	TC46
20	ISO 259-2:1994	Information and documentation – Transliteration of Hebrew characters into Latin characters – Part 2:Simplified transliteration	信息与文献　从希伯来字符到拉丁字符的转写　第2部分:简化转写	01. 140. 10	1994	TC46
21	ISO 843:1997	Information and documentation – Conversion of Greek characters into Latin characters	信息与文献　从希腊字符到拉丁字符的转换	01. 140. 10	1997	TC46

续表

序号	标准号	标准名称(英文)	标准名称(中文)	ICS	发布年份	制定者
22	ISO 9984:1996	Information and documentation – Transliteration of Georgian characters into Latin characters	信息与文献　从格鲁吉亚字符到拉丁字符的转写	01.140.10	1996	TC46
23	ISO 9985:1996	Information and documentation – Transliteration of Armenian characters into Latin characters	信息与文献　从亚美尼亚字符到拉丁字符的转写	01.140.10	1996	TC46
24	ISO 11940:1998	Information and documentation – Transliteration of Thai	信息与文献　泰国字符的转写	01.140.10	1998	TC46
25	ISO 11940-2:2007	Information and documentation – Transliteration of Thai characters into Latin characters – Part 2: Simplified transcription of Thai language	信息与文献　从泰国字符到拉丁字符的转写　第2部分:泰语的简化转写	01.140.10	2007	TC46
26	ISO 15919:2001	Information and documentation – Transliteration of Devanagari and related Indic scripts into Latin characters	信息与文献　从梵文字符及相关的印度文字手写体到拉丁字符的转写	01.140.10	2001	TC46
27	ISO 3602:1989	Documentation – Romanization of Japanese (kana script)	文献　日文的罗马化	01.140.10	1989	TC46

续表

序号	标准号	标准名称(英文)	标准名称(中文)	ICS	发布年份	制定者
28	ISO 3166-1:2013	Codes for the representation of names of countries and their subdivisions – Part 1: Country codes	国家及其地区名称代码 第1部分:国家名称代码	01. 140. 30	2013	TC46
29	ISO 3166-2:2013	Codes for the representation of names of countries and their subdivisions – Part 2: Country subdivision code	国家及其地区名称代码 第2部分:地区名称代码	01. 140. 30	2013	TC46
30	ISO 3166-3:2013	Codes for the representation of names of countries and their subdivisions – Part 3: Code for formerly used names of countries	国家及其地区名称代码 第3部分:国家曾用名代码	01. 140. 30	2013	TC46
31	ISO 2146:2010	Information and documentation – Registry services for libraries and related organizations	信息与文献 图书馆及相关组织的注册服务	01. 140. 20	2010	TC46/SC4
32	ISO 2709:2008	Information and documentation – Format for information exchange	信息与文献 信息交换格式	35. 240. 30	2008	TC46/SC4
33	ISO 6630:1986	Documentation – Bibliographic control characters	文献 书目管理字符集	35. 040	1986	TC46/SC4

续表

序号	标准号	标准名称(英文)	标准名称(中文)	ICS	发布年份	制定者
34	ISO 8459:2009	Information and documentation – Bibliographic data element directory for use in data exchange and enquiry	信息与文献　用于数据交换和查询的书目数据元素目录	35.240.30	2009	TC46/SC4
35	ISO 8777:1993	Information and documentation – Commands for interactive text searching	信息与文献　交互式文本检索命令集	35.240.30	1993	TC46/SC4
36	ISO 10160:1997/Amd 1:2002	Information and documentation – Open systems Interconnection – Interlibrary loan application service definition/addition of annex D acknowledging the National Library of Canada as the maintenance agency	信息与文献　开放系统互连　馆际互借应用服务定义/修改1:附录中加D表示承认加拿大国家图书馆为维护机构	35.240.30	2002	TC46/SC4
37	ISO 10161-1:1997/Amd 1:2002	Information and documentation – Open systems interconnection – Interlibrary loan application protocol specification – Part 1:Protocol specification/support for use of object identifier in"identifier" parameter of the extension data	信息与文献　开放系统互连　馆际互借协议规范　第1部分:协议规范　修改1:支持在扩充数据"标识符"参数中使用目标标识符	35.240.30	2002	TC46/SC4

续表

序号	标准号	标准名称(英文)	标准名称(中文)	ICS	发布年份	制定者
38	ISO 10161-1:1997/Amd 2:2002	Information and documentation – Open systems interconnection – Interlibrary loan application protocol specification – Part 1:Protocol specification/addition of annex I acknowledging the National Library of Canada as the maintenance agency and registration authority	信息与文献　开放系统互连　馆际互借协议规范　第1部分:协议规范　修改2:附录中加I表示承认加拿大国家图书馆为维护机构和注册机构	35.240.30	2002	TC46/SC4
39	ISO 10754:1996	Information and documentation – Extension of the Cyrillic alphabet coded character set for non-Slavic languages for bibliographic information interchange	信息与文献　用于非斯拉夫语书目信息交换的斯拉夫字符代码字符集的扩展	35.040	1996	TC46/SC4
40	ISO 12083:1994	Information and documentation – Electronic manuscript preparation and markup	信息与文献　电子手稿的准备和标记	35.240.30	1994	TC46/SC4
41	ISO 15511:2011	Information and documentation – International standard identifier for libraries and related organizations(ISIL)	信息与文献　图书馆及相关组织的国际标准标识符	35.240.30	2011	TC46/SC4
42	ISO 15836:2009	Information and documentation – The Dublin Core metadata element set	信息与文献　都柏林核心元数据元素集	35.240.30	2009	TC46/SC4

续表

序号	标准号	标准名称(英文)	标准名称(中文)	ICS	发布年份	制定者
43	ISO 15836:2009/Cor 1:2009	Information and documentation – The Dublin Core metadata element set technical corrigendum 1	信息与文献 都柏林核心元数据元素集/勘误1:2009	35.240.30	2009	TC46/SC4
44	ISO 17933:2000	GEDI – Generic Electronic Document Interchange	GEDI 通用电子文献交换	35.240.30	2000	TC46/SC4
45	ISO 20775:2009	Information and documentation – Schema for holdings information	信息文献 馆藏信息的架构	35.240.30	2009	TC46/SC4
46	ISO 23950:1998	Information and documentation – Information retrieval (Z39.50) – Application service definition and protocol specification	信息与文献 信息检索(Z39.50) 应用服务定义和协议规范	35.240.30	1998	TC46/SC4
47	ISO 25577:2013	Information and documentation – MarcXchange	信息与文献 Marc的转换	35.240.30	2013	TC46/SC4
48	ISO 28500:2009	Information and documentation – WARC file format	信息与文献 WARC文件格式	35.240.30	2009	TC46/SC4
49	ISO 2789:2013	Information and documentation – International library statistics	信息与文献 国际图书馆统计	01.140.20	2013	TC46/SC8

续表

序号	标准号	标准名称(英文)	标准名称(中文)	ICS	发布年份	制定者
50	ISO 9230:2007	Information and documentation – Determination of price indexes for print and electronic media purchased by libraries	信息与文献　图书馆购买平面媒体和电子媒体价格指数的确定	01. 140. 20	2007	TC46/SC8
51	ISO 9707:2008	Information and documentation – Statistics on the production and distribution of books, newspapers, periodicals and electronic publications	信息与文献　图书、报纸、期刊和电子出版物的生产发行统计	01. 140. 20	2008	TC46/SC8
52	ISO/TR 11219:2012	Information and documentation – Qualitative conditions and basic statistics for library buildings – Space, function and design	信息与文献　图书馆建筑的定性条件和基本统计空间、功能和设计	01. 140. 20	2012	TC46/SC8
53	ISO/TR 14873:2013	Information and documentation – Statistics and quality issues for web archiving	信息与文献　网页存档的统计和质量问题	01. 140. 20	2013	TC46/SC8
54	ISO/TR 28118:2009	Information and documentation – Performance indicators for national libraries	信息与文献　国家图书馆绩效指标	01. 140. 20	2009	TC46/SC8
55	ISO 4:1997	Information and documentation – Rules for the abbreviation of title words and titles of publications	信息与文献　出版物标题和标题缩写规则	01. 140. 40	1997	TC46/SC9

续表

序号	标准号	标准名称(英文)	标准名称(中文)	ICS	发布年份	制定者
56	ISO 690:2010	Information and documentation – Guidelines for bibliographic references and citations to information resources	信息与文献　信息资源参考文献和引文指南	01. 140. 20	2010	TC46/SC9
57	ISO 832:1994	Information and documentation – Bibliographic description and references – Rules for the abbreviation of bibliographic terms	信息与文献　书目描述与参考文献　书目款项的缩写规则	01. 140. 20	1994	TC46/SC9
58	ISO 999:1996	Information and documentation – Guidelines for the content, organization and presentation of indexes	信息与文献　索引的内容、组织和表示指南	01. 140. 40	1996	TC46/SC9
59	ISO 3297:2007	Information and documentation – International standard serial number(ISSN)	信息与文献　国际标准连续出版物编号(ISSN)	01. 140. 20	2007	TC46/SC9
60	ISO 5963:1985	Documentation – Methods for examining documents, determining their subjects, and selecting indexing terms	文献　检验文献、确定文献主题和选择索引术语的方法	01. 140. 20	1985	TC46/SC9
61	ISO 7220:1996	Information and documentation – Presentation of catalogues of standards	信息与文献　标准目录的表示	01. 140. 20	1996	TC46/SC9

续表

序号	标准号	标准名称(英文)	标准名称(中文)	ICS	发布年份	制定者
62	ISO 7220:1996/Cor 1:2001	Information and documentation – Presentation of catalogues of standards technical corrigendum 1	信息与文献　标准目录的表示/勘误 1:2001	01.140.20	2001	TC46/SC9
63	ISO 10324:1997	Information and documentation – Holdings statements – Summary level	信息与文献　馆藏说明简要级	01.140.20	1997	TC46/SC9
64	ISO 10957:2009	Information and documentation – International standard music number(ISMN)	信息与文献　国际标准音乐编码(ISMN)	01.140.20	2009	TC46/SC9
65	ISO 15706-1:2002/Amd 1:2008	Information and documentation – International Standard Audiovisual Number(ISAN) – Part 1:Audiovisual work identifier/alternate encodings and editorial changes	信息与文献　国际标准视听资料编码(ISAN)　第1部分:视听工作标识符 修改1:交替编码和编辑变化	01.140.20	2008	TC46/SC9
66	ISO 15706-1:2002	Information and documentation – International Standard Audiovisual Number(ISAN) – Part 1:Audiovisual work identifier	信息与文献　国际标准视听资料编码(ISAN)　第1部分:视听工作标识符	01.140.20	2002	TC46/SC9
67	ISO 15706-2:2007	Information and documentation – International Standard Audiovisual Number(ISAN) – Part 2:Version identifier	信息与文献　国际标准视听资料编码(ISAN)　第2部分:版本标识符	01.140.20	2007	TC46/SC9

续表

序号	标准号	标准名称(英文)	标准名称(中文)	ICS	发布年份	制定者
68	ISO 15707:2001	Information and documentation – International Standard Musical Work Code(ISWC)	信息与文献　国际标准音乐作品代码(ISWC)	01.140.20	2001	TC46/SC9
69	ISO 21047:2009	Information and documentation – International Standard Text Code(ISTC)	信息与文献　国际标准文本代码(ISTC)	01.140.20	2009	TC46/SC9
70	ISO 25964-1:2011	Information and documentation – Thesauri and interoperability with other vocabularies – Part 1:Thesauri for information retrieval	信息与文献　主题词表与其他词表的互操作性　第1部分:用于信息检索的主题词表	01.140.20	2011	TC46/SC9
71	ISO 25964-2:2013	Information and documentation – Thesauri and interoperability with other vocabularies – Part 2:Interoperability with other vocabularies	信息与文献　主题词表与其他词表的互操作性　第2部分:与其他词表的互操作性	01.140.20	2013	TC46/SC9
72	ISO 26324:2012	Information and documentation – Digital object identifier system	信息与文献　数字对象标识系统	01.140.20	2012	TC46/SC9
73	ISO 27729:2012	Information and documentation – International standard name identifier(ISNI)	信息与文献　国际标准名称标识符(ISNI)	01.140.20	2012	TC46/SC9

续表

序号	标准号	标准名称(英文)	标准名称(中文)	ICS	发布年份	制定者
74	ISO 27729:2012/Cor 1:2013	Information and documentation – International standard name identifier (ISNI) technical corrigendum 1	信息与文献　国际标准名称标识符（ISNI）/勘误1:2013	01. 140. 20	2013	TC46/SC9
75	ISO 27730:2012	Information and documentation – International standard collection identifier(ISCI)	信息与文献　国际标准集合标识符(ISCI)	01. 140. 20	2012	TC46/SC9
76	ISO 9706:1994	Information and documentation – Paper for documents – Requirements for permanence	信息与文献　文献用纸耐久性要求	85. 060/01. 140. 40	1994	TC46/SC10
77	ISO 11108:1996	Information and documentation – Archival paper – Requirements for permanence and durability	信息与文献　档案纸　耐久性和耐用性要求	01. 140. 20/85. 060	1996	TC46/SC10
78	ISO 11798:1999	Information and documentation – Permanence and durability of writing, printing and copying on paper – Requirements and test methods	信息与文献　纸质书写、打印和复制的持久性要求和试验方法	01. 140. 20	1999	TC46/SC10
79	ISO 11800:1998	Information and documentation – Requirements for binding materials and methods used in the manufacture of books	信息与文献　图书生产中使用的装订方法和装订材料的要求	01. 140. 40	1998	TC46/SC10

续表

序号	标准号	标准名称(英文)	标准名称(中文)	ICS	发布年份	制定者
80	ISO 14416:2003	Information and documentation – Requirements for binding of books, periodicals, serials and other paper documents for archive and library use – Methods and materials	信息与文献　图书生产中使用的装订方法和装订材料的要求	01.140.40	2003	TC46/SC10
81	ISO 16245:2009	Information and documentation – Boxes, file covers and other enclosures, made from cellulosic materials, for storage of paper and parchment documents	信息与文献　为存储纸质和羊皮纸文献而用纤维材料制成的盒子、文件夹和其他附件	01.140.20	2009	TC46/SC10
82	ISO 13008:2012	Information and documentation – Digital records conversion and migration process	信息与文献　数字记录转换和迁移过程	01.140.20	2012	TC46/SC11
83	ISO/TR 13028:2010	Information and documentation – Implementation guidelines for digitization of records	信息与文献　记录数字化实施指南	01.140.20	2010	TC46/SC11
84	ISO 16175-1:2010	Information and documentation – Principles and functional requirements for records in electronic office environments – Part 1: Overview and statement of principles	信息与文献　电子办公环境下记录的原则和功能要求　第1部分:概述和原则声明	01.140.20	2010	TC46/SC11

续表

序号	标准号	标准名称(英文)	标准名称(中文)	ICS	发布年份	制定者
85	ISO 16175-2:2011	Information and documentation – Principles and functional requirements for records in electronic office environments – Part 2: Guidelines and functional requirements for digital records management systems	信息与文献　电子办公环境下记录的原则和功能要求　第 2 部分:数字记录管理系统指南和功能性需求	01. 140. 20	2011	TC46/SC11
86	ISO/TR 17068:2012	Information and documentation – Trusted third party repository for digital records	信息与文献　数字记录用可信第三方库	01. 140. 20	2012	TC46/SC11
87	ISO/TR 18128:2014	Information and documentation – Risk assessment for records processes and systems	信息与文献　记录过程和系统的风险评估	01. 140. 20	2014	TC46/SC11
88	ISO 22310:2006	Information and documentation – Guidelines for standards drafters for stating records management requirements in standards	信息与文献　标准中陈述记录管理要求的标准起草人指南	01. 140. 20	2006	TC46/SC11
89	ISO 23081-1:2006	Information and documentation – Records management processes – Metadata for records – Part 1: Principles	信息与文献　记录管理过程　记录元数据　第 1 部分:原则	01. 140. 20	2006	TC46/SC11
90	ISO 23081-2:2009	Information and documentation – Managing metadata for records – Part 2: Conceptual and implementation issues	信息与文献　记录元数据管理　第 2 部分:概念与实施问题	01. 140. 20	2009	TC46/SC11

续表

序号	标准号	标准名称(英文)	标准名称(中文)	ICS	发布年份	制定者
91	ISO/TR 23081 - 3:2011	Information and documentation - Managing metadata for records - Part 3: Self-assessment method	信息与文献　记录元数据管理　第 3 部分:自评估方法	01.140.20	2011	TC46/SC11
92	ISO/TR 26122:2008	Information and documentation - Work process analysis for records	信息与文献　记录的工作过程分析	01.140.20	2008	TC46/SC11
93	ISO/TR 26122:2008/Cor 1:2009	Information and documentation - Work process analysis for records technical corrigendum 1	信息与文献　记录的工作过程分析/勘误 1:2009	01.140.20	2009	TC46/SC11
94	ISO 30300:2011	Information and documentation - Management systems for records - Fundamentals and vocabulary	信息与文献　记录的管理系统　基础与词汇	01.040.01/ 01.140.20	2011	TC46/SC11
95	ISO 30301:2011	Information and documentation - Management systems for records - Requirements	信息与文献　记录的管理系统　要求	01.140.20	2011	TC46/SC11
96	ISO 446:2004	Micrographics - ISO character and ISO test chart No. 1 - Description and use	缩微摄影技术　ISO 字符和 ISO 1 号测试图　描述和使用	37.080	2004	TC171/SC1

续表

序号	标准号	标准名称(英文)	标准名称(中文)	ICS	发布年份	制定者
97	ISO 3334:2006	Micrographics – ISO resolution test chart No. 2 – Description and use	缩微摄影技术　ISO 2 号解像力测试图　描述和使用	37.080	2006	TC171/SC1
98	ISO 6198:1993	Micrographics – Readers for transparent microforms – Performance characteristics	缩微摄影技术　透明缩微品阅读器　性能特征	37.080	1993	TC171/SC1
99	ISO 6200:1999	Micrographics – First generation silver-gelatin microforms of source documents – Density specifications and method of measurement	缩微摄影技术　源文件第一代银明胶型缩微品　密度规范和测量方法	37.080	1999	TC171/SC1
100	ISO 7565:1993	Micrographics – Readers for transparent microforms – Measurement of characteristics	缩微摄影技术　透明缩微品阅读器　性能测试	37.080	1993	TC171/SC1
101	ISO 8126:2000	Micrographics – Duplicating film, silver, diazo and vesicular – Visual density – Specifications and measurement	缩微摄影技术　银盐、重氮、微泡复制胶片　规范和测量	37.080	2000	TC171/SC1
102	ISO 8514-1:2000	Micrographics – Alphanumeric computer output microforms – Quality control – Part 1: Characteristics of the test slide and test data	缩微摄影技术　字母数字计算机输出缩微品　质量控制　第 1 部分:测试幻灯片和测试数据的特征	37.080	2000	TC171/SC1

续表

序号	标准号	标准名称(英文)	标准名称(中文)	ICS	发布年份	制定者
103	ISO 8514-2:2000	Micrographics – Alphanumeric computer output microforms – Quality control – Part 2:Method	缩微摄影技术　字母数字计算机输出缩微品　质量控制　第2部分:方法	37.080	2000	TC171/SC1
104	ISO 10197:1993	Micrographics – Reader-printers for transparent microforms – Characteristics	缩微摄影技术　透明缩微品阅读复印机　特征	37.080	1993	TC171/SC1
105	ISO 10550:1994	Micrographics – Planetary camera systems – Test target for checking performance	缩微摄影技术　平台式摄影系统　检查性能用的测试标板	37.080	1994	TC171/SC1
106	ISO 10594:2006	Micrographics – Rotary camera systems – Test target for checking performance	缩微摄影技术　轮转式摄影系统　检查性能用的测试标板	37.080	2006	TC171/SC1
107	ISO 11506:2009	Document management applications – Archiving of electronic data – Computer output microform (COM)/ Computer output laser disc(COLD)	文献管理应用　电子数据的归档　计算机输出缩微品(COM)/计算机输出光盘(COLD)	37.080	2009	TC171/SC1

续表

序号	标准号	标准名称(英文)	标准名称(中文)	ICS	发布年份	制定者
108	ISO 11698-1:2000	Micrographics – Methods of measuring image quality produced by aperture card scanners – Part 1: Characteristics of the test images	缩微摄影技术　开窗卡扫描仪制作影像质量的测定方法　第1部分:测试影像的特征	37.080	2000	TC171/SC1
109	ISO 11698-2:2000	Micrographics – Methods of measuring image quality produced by aperture card scanners – Part 2: Quality criteria and control	缩微摄影技术　开窗卡扫描仪制作影像质量的测定方法　第2部分:质量要求和控制	37.080	2000	TC171/SC1
110	ISO 11928-1:2000	Micrographics – Quality control of graphic COM recorders – Part 1: Characteristics of the test frames	缩微摄影技术　图形COM记录器的质量控制　第1部分:测试画幅的特征	37.080	2000	TC171/SC1
111	ISO 11928-2:2000	Micrographics – Quality control of graphic COM recorders – Part 2: Quality criteria and control	缩微摄影技术　图形COM记录器的质量控制　第2部分:质量要求和控制	37.080	2000	TC171/SC1

续表

序号	标准号	标准名称(英文)	标准名称(中文)	ICS	发布年份	制定者
112	ISO/TR 12031:2000	Micrographics – Inspection of silver-gelatin microforms for evidence of deterioration	缩微摄影技术　银明胶型缩微品损坏迹象的检验	37.080	2000	TC171/SC1
113	ISO 12653-1:2000	Electronic imaging – Test target for the black-and-white scanning of office documents – Part 1:Characteristics	电子成像　办公文献黑白扫描用的测试标板　第1部分:特性	37.080	2000	TC171/SC1
114	ISO 12653-2:2000	Electronic imaging – Test target for the black-and-white scanning of office documents – Part 2:Method of use	电子成像　办公文献黑白扫描用的测试标板　第2部分:使用方法	37.080	2000	TC171/SC1
115	ISO 12653-2:2000/Cor 1:2002	Electronic imaging – Test target for the black-and-white scanning of office documents – Part 2: Method of use technical corrigendum 1	电子成像　办公文献黑白扫描用的测试标板　第2部分:使用方法/勘误1:2002	37.080	2002	TC171/SC1
116	ISO 12653-3:2014	Electronic imaging – Test target for scanning of office documents – Part 3:Test target for use in lower resolution applications	电子成像　办公文献黑白扫描用的测试标板　第3部分:用于低分辨率应用程序的测试标板	37.080	2014	TC171/SC1

续表

序号	标准号	标准名称(英文)	标准名称(中文)	ICS	发布年份	制定者
117	ISO 14648-1:2001	Micrographics – Quality control of COM recorders that generate images using a single internal display system – Part 1:Characteristics of the software test target	缩微摄影技术 用单一内部显示系统生成影像的COM记录器的质量控制 第1部分:软件测试标板的特性	37.080	2001	TC171/SC1
118	ISO 14648-2:2001	Micrographics – Quality control of COM recorders that generate images using a single internal display system – Part 2: Method of use	缩微摄影技术 用单一内部显示系统生成影像的COM记录器的质量控制 第2部分:使用方法	37.080	2001	TC171/SC1
119	ISO 14648-2:2001/Cor 1:2009	Micrographics – Quality control of COM recorders that generate images using a single internal display system – Part 2: Method of use technical corrigendum 1	缩微摄影技术 用单一内部显示系统生成影像的COM记录器的质量控制 第2部分:使用方法/勘误1:2009	37.080	2009	TC171/SC1
120	ISO 23868:2008	Document management – Monitoring and verification of information stored on 130mm optical media	文献管理 储存在130mm光学媒体上的信息的监测和验证	37.080	2008	TC171/SC1

续表

序号	标准号	标准名称(英文)	标准名称(中文)	ICS	发布年份	制定者
121	ISO 29861:2009	Document management applications – Quality control for scanning office documents in colour	文献管理应用　彩色办公文献扫描的质量控制	37.080	2009	TC171/SC1
122	ISO 3272-1:2003	Microfilming of technical drawings and other drawing office documents – Part 1:Operating procedures	技术图纸和其他办公文献图纸的缩微摄影　第1部分:操作规程	37.080/01.100.01	2003	TC171/SC2
123	ISO 3272-1:2003/Cor 1:2009	Microfilming of technical drawings and other drawing office documents – Part 1:Operating procedures technical corrigendum 1	技术图纸和其他办公文献图纸的缩微摄影　第1部分:操作规程/勘误1:2009	01.100.01/37.080	2009	TC171/SC2
124	ISO 3272-2:1994	Microfilming of technical drawings and other drawing office documents – Part 2: Quality criteria and control of 35mm silver gelatin microfilms	技术图纸和其他办公文献图纸的缩微摄影　第2部分:35mm银明胶型缩微胶片的质量要求和控制	37.080/01.100.01	1994	TC171/SC2
125	ISO 3272-3:2001	Microfilming of technical drawings and other drawing office documents – Part 3: Aperture card for 35mm microfilm	技术图纸和其他办公文献图纸的缩微摄影　第3部分:35mm缩微胶片的窗孔卡片	37.080/01.100.01	2001	TC171/SC2

续表

序号	标准号	标准名称(英文)	标准名称(中文)	ICS	发布年份	制定者
126	ISO 3272-4:1994	Microfilming of technical drawings and other drawing office documents – Part 4: Microfilming of drawings of special and exceptional elongated sizes	技术图纸和其他办公文献图纸的缩微摄影　第4部分:特殊和超长规格图纸的缩微摄影	01.100.01/37.080	1994	TC171/SC2
127	ISO 3272-6:2000	Microfilming of technical drawings and other drawing office documents – Part 6: Quality criteria and control of systems for enlargements from 35mm microfilm	技术图纸和其他办公文献图纸的缩微摄影　第6部分:35mm缩微胶片放大系统的质量要求和控制	01.100.01/37.080	2000	TC171/SC2
128	ISO 4087:2005	Micrographics – Microfilming of newspapers for archival purposes on 35mm microfilm	缩微摄影技术　35mm缩微胶片存档用报纸的缩微摄影	37.080/01.140.20	2005	TC171/SC2
129	ISO 6148:2001	Photography – Micrographic films, spools and cores – Dimensions	摄影　缩微胶片　卷轴和轴心　尺寸	37.040.20/37.080	2001	TC171/SC2
130	ISO 6199:2005	Micrographics – Microfilming of documents on 16mm and 35mm silver-gelatin type microfilm – Operating procedures	缩微摄影技术　在16mm和35mm银明胶型缩微胶片上拍摄文献　操作程序	37.080	2005	TC171/SC2

续表

序号	标准号	标准名称(英文)	标准名称(中文)	ICS	发布年份	制定者
131	ISO 6342:2003	Micrographics – Aperture cards – Method of measuring thickness of buildup area	缩微摄影技术　开窗卡增厚区厚度的测量方法	37.080	2003	TC171/SC2
132	ISO 7761:2004	Micrographics – Single-core cartridge for 16mm processed microfilm – Dimensions and operational constraints	缩微摄影技术　已处理的16mm缩微胶片用的单芯盒　尺寸和操作限制	37.080	2004	TC171/SC2
133	ISO 8127-1:1989	Micrographics – A6 size microfilm jackets – Part 1:Five channel jacket for 16mm microfilm	缩微摄影技术　A6尺寸缩微胶片封套　第1部分:16mm缩微胶片用的5片道封套	37.080	1989	TC171/SC2
134	ISO 9878:1990	Micrographics – Graphical symbols for use in microfilming	缩微摄影技术　用于缩微摄影的图形符号	01.080.30/37.080	1990	TC171/SC2
135	ISO 9923:1994	Micrographics – Transparent A6 microfiche – Image arrangements	缩微摄影技术　A6透明缩微平片　影像排列	37.080	1994	TC171/SC2
136	ISO 10196:2003	Document imaging applications – Recommendations for the creation of original documents	文献成像应用　原始文献创作的推荐规范	37.080	2003	TC171/SC2

续表

序号	标准号	标准名称(英文)	标准名称(中文)	ICS	发布年份	制定者
137	ISO/TR 10255:2009	Document management applications – Optical disk storage technology, management and standards	文献管理应用　光盘存储技术、管理和标准	35.240.30/35.220.30	2009	TC171/SC2
138	ISO/TR 10593:1997	Micrographics – Use of microfilm jackets	缩微摄影技术　缩微胶片封套的使用	37.080	1997	TC171/SC2
139	ISO 11142:2005	Micrographics – Colour microfilm – Application of the exposure technique to prepare line originals and continuous-tone originals	缩微摄影技术　彩色缩微胶卷　准备线条复制原稿和连续影调原稿的曝光技术应用	37.080	2005	TC171/SC2
140	ISO 11962:2002	Micrographics – Image mark(blip) used with 16mm and 35mm roll microfilm	缩微摄影技术　16mm 和 35mm 卷式缩微胶片用的影像标记	37.080	2002	TC171/SC2
141	ISO 11962:2002/Cor 1:2006	Micrographics – Image mark(blip) used with 16 mm and 35 mm roll microfilm technical corrigendum 1	缩微摄影技术　16mm 和 35mm 卷式缩微胶片用的影像标记/勘误 1:2006	37.080	2006	TC171/SC2

续表

序号	标准号	标准名称(英文)	标准名称(中文)	ICS	发布年份	制定者
142	ISO 12029:2010	Document management – Machine-readable paper forms – Optimal design for user friendliness and electronic document management systems(EDMS)	文献管理　机读纸质格式电子文献管理系统及用户友好性优化设计	37.080	2010	TC171/SC2
143	ISO/TR 12033:2009	Document management – Electronic imaging – Guidance for the selection of document image compression methods	文献管理　电子成像　文献图像压缩方法的选择指南	37.080	2009	TC171/SC2
144	ISO 12650:1999	Document imaging applications – Microfilming of achromatic maps on 35mm microfilm	文献成像应用　在35mm缩微胶片上拍摄非彩色地图	37.080	1999	TC171/SC2
145	ISO 12656:2001	Micrographics – Use of bar codes on aperture cards	缩微摄影技术　开窗卡上条形码的使用	37.080	2001	TC171/SC2
146	ISO/TR 14105:2011	Document management – Change management for successful electronic document management system(EDMS) implementation	文献管理　成功的电子文献管理系统实施的变化管理	35.240.30	2011	TC171/SC2

续表

序号	标准号	标准名称(英文)	标准名称(中文)	ICS	发布年份	制定者
147	ISO 19005-1:2005	Document management – Electronic document file format for long – term preservation – Part 1:Use of PDF 1.4(PDF/A-1)	文献管理　用于长期保存的电子文献格式　第1部分:PDF 1.4(PDF/A-1)的使用	37.100.99/35.240.30	2005	TC171/SC2
148	ISO 19005-1:2005/Cor 1:2007	Document management – Electronic document file format for long-term preservation – Part 1:Use of PDF 1.4(PDF/A – 1)technical corrigendum 1	文献管理　用于长期保存的电子文献格式　第1部分:PDF 1.4(PDF/A-1)的使用/勘误1:2007	37.100.99/35.240.30	2007	TC171/SC2
149	ISO 19005-1:2005/Cor 2:2011	Document management – Electronic document file format for long-term preservation – Part 1:Use of PDF 1.4(PDF/A – 1)technical corrigendum 2	文献管理　用于长期保存的电子文献格式　第1部分:PDF 1.4(PDF/A-1)的使用/勘误1:2011	37.100.99/35.240.30	2011	TC171/SC2
150	ISO 19005-2:2011	Document management – Electronic document file format for long-term preservation – Part 2:Use of ISO 32000 – 1(PDF/A-2)	文献管理　用于长期保存的电子文献格式　第2部分:ISO 32000 – 1(PDF/A-2)的使用	37.100.99/35.240.30	2011	TC171/SC2

续表

序号	标准号	标准名称(英文)	标准名称(中文)	ICS	发布年份	制定者
151	ISO 19005-3:2012	Document management – Electronic document file format for long-term preservation – Part 3: Use of ISO 32000 – 1 with support for embedded files(PDF/A-3)	文献管理　用于长期保存的电子文献格式　第3部分:支持嵌入式文件的ISO 32000 – 1(PDF/A-3)的使用	37.100.99/35.240.30	2012	TC171/SC2
152	ISO/TR 22957:2009	Document management – Analysis, selection and implementation of electronic document management systems(EDMS)	文献管理　电子文献管理系统(EDMS)分析、选择和实施	37.080	2009	TC171/SC2
153	ISO 24537:2007	Micrographics – Dimensions for reels used for 16mm and 35mm microfilm	缩微摄影技术　16mm和35mm缩微胶片用卷筒的尺寸	37.080	2007	TC171/SC2
154	ISO 32000-1:2008	Document management – Portable document format – Part 1:PDF 1.7	文献管理　便携式文献格式　第1部分:PDF 1.7	35.240.30/37.100.99	2008	TC171/SC2
155	ISO 6196-1:1993	Micrographics – Vocabulary – Part 1: General terms	缩微摄影技术　词汇　第1部分:一般术语	37.080/01.040.37	1993	TC171/SC3

续表

序号	标准号	标准名称(英文)	标准名称(中文)	ICS	发布年份	制定者
156	ISO 6196-2:1993	Micrographics – Vocabulary – Part 2: Image positions and methods of recording	缩微摄影技术　词汇　第2部分:影像布局和记录方法	37.080/01.040.37	1993	TC171/SC3
157	ISO 6196-3:1997	Micrographics – Vocabulary – Part 3: Film processing	缩微摄影技术　词汇　第3部分:胶片处理	37.080/01.040.37	1997	TC171/SC3
158	ISO 6196-4:1998	Micrographics – Vocabulary – Part 4: Materials and packaging	缩微摄影技术　词汇　第4部分:材料和包装	37.080/01.040.37	1998	TC171/SC3
159	ISO 6196-5:1987	Micrographics – Vocabulary – Part 5: Quality of images, legibility, inspection	缩微摄影技术　词汇　第5部分:影像质量、可读性和检查	37.080/01.040.37	1987	TC171/SC3
160	ISO 6196-6:1992	Micrographics – Vocabulary – Part 6: Equipment	缩微摄影技术　词汇　第6部分:设备	37.080/01.040.37	1992	TC171/SC3
161	ISO 6196-7:1992	Micrographics – Vocabulary – Part 7: Computer micrographics	缩微摄影技术　词汇　第7部分:计算机缩微摄影技术	37.080/01.040.37	1992	TC171/SC3

续表

序号	标准号	标准名称(英文)	标准名称(中文)	ICS	发布年份	制定者
162	ISO 6196-8:1998	Micrographics – Vocabulary – Part 8: Use	缩微摄影技术　词汇　第8部分:应用	37.080/01.040.37	1998	TC171/SC3
163	ISO 6196-10:1999	Micrographics – Vocabulary – Part 10: Index	缩微摄影技术　词汇　第10部分:索引	37.080/01.040.37	1999	TC171/SC3
164	ISO 6196-10:1999/Cor 1:2004	Micrographics – Vocabulary – Part 10: Index technical corrigendum 1	缩微摄影技术　词汇　第10部分:索引/勘误1:2004	01.040.37/37.080	2004	TC171/SC3
165	ISO/TR 12036:2000	Micrographics – Expungement, deletion, correction or amendment of records on microforms	缩微摄影技术　缩微品上记录的清除、删除、校正或修改	37.080	2000	TC171/SC3
166	ISO/TR 12037:1998	Electronic imaging – Recommendations for the expungement of information recorded on write-once optical media	电子成像　清除记录在一次性写入光盘上的信息的推荐规范	37.080	1998	TC171/SC3
167	ISO 14641-1:2012	Electronic archiving – Part 1: Specifications concerning the design and the operation of an information system for electronic information preservation	电子归档　第1部分:电子文献保存信息系统设计和操作规范	37.080	2012	TC171/SC3

续表

序号	标准号	标准名称(英文)	标准名称(中文)	ICS	发布年份	制定者
168	ISO 12651-1:2012	Electronic document management – Vocabulary – Part 1:Electronic document imaging	电子文献管理　词汇　第1部分:电子文献成像	37.080/01.040.37	2012	TC171/SC3
169	ISO/TR 15801:2009	Document management – Information stored electronically – Recommendations for trustworthiness and reliability	文献管理　电子信息存储真实性与可靠性建议	37.080	2009	TC171/SC3
170	ISO/TR 18492:2005	Long-term preservation of electronic document-based information	电子文献信息的长期保存	37.080	2005	TC171/SC3

附录2:ISO修订中的图书馆标准规范(18项)

序号	标准号	标准名称(英文)	标准名称(中文)	ICS	发布年份	制定者
1	ISO 5127:2001	Information and documentation – Vocabulary	信息与文献　词汇	01.140.20/01.040.01	2001	TC46
2	ISO 7098:1991	Information and documentation – Romanization of Chinese	信息与文献　中文的罗马字母拼写法	01.140.10	1991	TC46

续表

序号	标准号	标准名称(英文)	标准名称(中文)	ICS	发布年份	制定者
3	ISO 10160:1997	Information and documentation – Open systems interconnection – Interlibrary loan application service definition	信息与文献　开放系统互连　馆际互借应用服务定义	35. 240. 30	1997	TC46/SC4
4	ISO 10161-1:1997	Information and documentation – Open Systems Interconnection – Interlibrary Loan Application Protocol Specification – Part 1:Protocol specification	信息与文献　开放系统互连　馆际互借协议规范　第1部分:协议规范	35. 240. 30	1997	TC46/SC4
5	ISO 10161-2:1997	Information and documentation – Open Systems Interconnection – Interlibrary Loan Application Protocol Specification – Part 2:Protocol implementation conformance statement (PICS) proforma	信息与文献　开放系统互连　馆际互借协议规范　第2部分:协议履行一致性声明形式	35. 240. 30	1997	TC46/SC4
6	ISO 21127:2006	Information and documentation – A reference ontology for the interchange of cultural heritage information	信息与文献　一个文化遗产信息交换的参考本体	35. 240. 30	2006	TC46/SC4

续表

序号	标准号	标准名称(英文)	标准名称(中文)	ICS	发布年份	制定者
7	ISO 28560-1:2011	Information and documentation – RFID in libraries – Part 1: Data elements and general guidelines for implementation	信息与文献　RFID　在图书馆中的应用　第1部分:数据元素和实施通用准则	35. 240. 30/35. 040	2011	TC46/SC4
8	ISO 28560-2:2011	Information and documentation – RFID in libraries – Part 2: Encoding of RFID data elements based on rules from ISO/IEC 15962	信息与文献　RFID 在图书馆中的应用　第2部分:基于 ISO/IEC 15962 的 RFID 数据元素编码	35. 240. 30/35. 040	2011	TC46/SC4
9	ISO 28560-3:2011	Information and documentation – RFID in libraries – Part 3: Fixed length encoding	信息与文献　RFID 在图书馆中的应用　第3部分:固定长度编码	35. 240. 30/35. 040	2011	TC46/SC4
10	ISO 11620:2008	Information and documentation – Library performance indicators	信息与文献　图书馆绩效指标	01. 140. 20	2008	TC46/SC8
11	ISO 2108:2005	Information and documentation – International standard book number(ISBN)	信息与文献　国际标准书号(ISBN)	01. 140. 20	2005	TC46/SC9

续表

序号	标准号	标准名称(英文)	标准名称(中文)	ICS	发布年份	制定者
12	ISO 3901:2001	Information and documentation – International Standard Recording Code(ISRC)	信息与文献　国际标准音像制品编码(ISRC)	01. 140. 20	2001	TC46/SC9
13	ISO 11799:2003	Information and documentation – Document storage requirements for archive and library materials	信息与文献　档案馆和图书馆文献的存储要求	01. 140. 20	2003	TC46/SC10
14	ISO 15489-1:2001	Information and documentation – Records management – Part 1:General	信息与文献　记录管理　第1部分:总则	01. 140. 20	2001	TC46/SC11
15	ISO/TR 15489-2:2001	Information and documentation – Records management – Part 2:Guidelines	信息与文献　记录管理　第2部分:指南	01. 140. 20	2001	TC46/SC11
16	ISO 14289-1:2012	Document management applications – Electronic document file format enhancement for accessibility – Part 1: Use of ISO 32000-1 (PDF/UA-1)	文献管理应用　获取电子文献格式扩展　第1部分:ISO 32000-1 (PDF/UA-1)的使用	35. 240. 30/ 37. 100. 99	2012	TC171/SC2
17	ISO 22938:2008	Document management – Electronic content/document management (CDM) data interchange format	文献管理　电子内容/文献管理数据交换格式	37. 080	2008	TC171/SC2
18	ISO 12651:1999	Electronic imaging – Vocabulary	电子成像　词汇	37. 080	1999	TC171/SC3

附录 3:ISO 制定中的图书馆标准规范(32 项)

序号	标准号	标准名称(英文)	标准名称(中文)	ICS	制定者
1	ISO/DIS 5127	Information and documentation – Foundation and Vocabulary	信息与文献　基础和词汇	01. 040. 01/01. 140. 20	TC46
2	ISO/CD 7098	Information and documentation – Romanization of Chinese	信息与文献　中文的罗马字母拼写法	01. 140. 10	TC46
3	ISO/DIS 10160	Information and documentation – Open Systems Interconnection – Interlibrary Loan Application Service Definition	信息与文献　开放系统互连　馆际互借应用服务定义	35. 240. 30	TC46/SC4
4	ISO/DIS 10161-1	Information and documentation – Open Systems Interconnection – Interlibrary Loan Application Protocol Specification – Part 1: Protocol specification	信息与文献　开放系统互连　馆际互借协议规范　第 1 部分:协议规范	35. 240. 30	TC46/SC4
5	ISO/DIS 10161-2	Information and documentation – Open Systems Interconnection – Interlibrary Loan Application Protocol Specification – Part 2: Protocol implementation conformance statement (PICS) proforma	信息与文献　开放系统互连　馆际互借协议规范　第 2 部分:协议履行一致性声明形式	35. 240. 30	TC46/SC4

续表

序号	标准号	标准名称(英文)	标准名称(中文)	ICS	制定者
6	ISO/FDIS 18626	Information and documentation – Interlibrary Loan Transactions	信息与文献　馆际互借事务	35. 240. 30	TC46/SC4
7	ISO/DIS 21127	Information and documentation – A reference ontology for the interchange of cultural heritage information	信息与文献　一个文化遗产信息交换的参考本体	35. 240. 30	TC46/SC4
8	ISO/FDIS 28560-1	Information and documentation – RFID in libraries – Part 1: Data elements and general guidelines for implementation	信息与文献　RFID 在图书馆中的应用　第 1 部分:数据元素和实施通用准则	35. 240. 30/35. 040	TC46/SC4
9	ISO/FDIS 28560-2	Information and documentation – RFID in libraries – Part 2: Encoding of RFID data elements based on rules from ISO/IEC 15962	信息与文献　RFID 在图书馆中的应用　第 2 部分:基于 ISO/IEC 15962 的 RFID 数据元素编码	35. 240. 30/35. 040	TC46/SC4
10	ISO/FDIS 28560-3	Information and documentation – RFID in libraries – Part 3: Fixed length encoding	信息与文献　RFID 在图书馆中的应用　第 3 部分:固定长度编码	35. 240. 30/35. 040	TC46/SC4

续表

序号	标准号	标准名称(英文)	标准名称(中文)	ICS	制定者
11	ISO/DTS 28560-4	Information and documentation – RFID in libraries – Part 4: Encoding of data elements based on rules from ISO/IEC 15962 in an RFID tag with partitioned memory	信息与文献　RFID 在图书馆中的应用　第 4 部分:在一个带有分区记忆功能的 RFID 标签中基于 ISO/IEC 15962 规则进行数据元素编码	35. 040/ 35. 240. 30	TC46/SC4
12	ISO/PRF 11620	Information and documentation – Library performance indicators	信息与文献　图书馆绩效指标	01. 140. 20	TC46/SC8
13	ISO/PRF 16439	Information and documentation – Methods and procedures for assessing the impact of libraries	信息与文献　评估图书馆影响的方法和过程	01. 140. 20	TC46/SC8
14	ISO/AWI 2108	Information and documentation – International standard book number(ISBN)	信息与文献　国际标准书号(ISBN)	01. 140. 20	TC46/SC9
15	ISO/NP 3901	Information and documentation – International Standard Recording Code(ISRC)	信息与文献　国际标准音像制品编码(ISRC)	01. 140. 20	TC46/SC9
16	ISO/DIS 17316	Information and documentation – International standard link identifier(ISLI)	信息与文献　国际标准链接标识符(ISLI)	01. 140. 20	TC46/SC9

续表

序号	标准号	标准名称(英文)	标准名称(中文)	ICS	制定者
17	ISO/CD 11799	Information and documentation – Document storage requirements for archive and library materials	信息与文献　档案馆和图书馆文献的存储要求	01. 140. 20	TC46/SC10
18	ISO/NP TS 18344	Information and documentation – Recommendation on methods of validating the success of deacidification processes for printed and handwritten documents	信息与文献　印刷型文献和手写型文献脱氧过程成功的验证方法推荐	01. 140. 20	TC46/SC10
19	ISO/CD 15489-1	Information and documentation – Records management – Part 1:General	信息与文献　记录管理　第 1 部分:总则	01. 140. 20	TC46/SC11
20	ISO/NP TR 15489-2	Information and documentation – Records management – Part 2:Guidelines	信息与文献　记录管理　第 2 部分:指南	01. 140. 20	TC46/SC11
21	ISO 30300:2011/CD Cor 1	Information and documentation – Management systems for records – Fundamentals and vocabulary technical corrigendum 1	信息与文献　记录的管理系统　基础与词汇/委员会草案 勘误 1	01. 040. 01/ 01. 140. 20	TC46/SC11
22	ISO/CD 30302	Information and documentation – Management systems for records – Guidelines for implementation	信息与文献　记录的管理系统　实施指南	01. 140. 20	TC46/SC11

续表

序号	标准号	标准名称(英文)	标准名称(中文)	ICS	制定者
23	ISO/DTR 17797	Electronic archiving – Selection of digital storage media for long-term preservation	电子归档　用于长期保存的数字存储介质的选择	37.080	TC171/SC1
24	ISO/PRF TR 18160	Document management – Digital preservation – Analog recording to silvergelatin microform	文献管理　数字保存　根据银明胶型缩微品进行模拟	37.080	TC171/SC1
25	ISO 14289-1	Document management applications – Electronic document file format enhancement for accessibility – Part 1: Use of ISO 32000-1 (PDF/UA-1)	文献管理应用　获取电子文献格式扩展　第1部分：ISO 32000-1的使用(PDF/UA-1)	35.240.30/37.100.99	TC171/SC2
26	ISO/DIS 17469-1	Document management – Strategy markup language (StratML) – Part 1: StratML core elements	文献管理　策略标记语言(StartML)　第1部分：策略标记语言核心元素	35.240.30	TC171/SC2
27	ISO/CD 17911	Document management – Guidelines for long term preservation file format selection and migration methodology	文献管理　用于长期保存的文献格式选择及迁移方法指南	35.240.30	TC171/SC2

续表

序号	标准号	标准名称(英文)	标准名称(中文)	ICS	制定者
28	ISO/AWI 18159	Document management – Environmental and work place safety regulations affecting microfilm processors	文献管理　影响缩微摄影过程的环境及工作地点安全规则	37. 080	TC171/SC2
29	ISO/CD 22938	Document management – Electronic content/document management (CDM) data interchange format	文献管理　电子内容/文献管理数据交换格式	37. 080	TC171/SC2
30	ISO/CD 32000-2	Document management – Portable document format – Part 2: PDF 2. 0	文献管理　便携式文献格式　第2部分:PDF 2. 0	35. 240. 30/37. 100. 99	TC171/SC2
31	ISO/DIS 12651-2	Electronic imaging – Vocabulary – Part 2: Document workflow	电子成像　词汇　第2部分:文献工作流程	37. 080/01. 040. 37	TC171/SC3
32	ISO/AWI 18829	Document management – Assessing trusted systems for compliance with industry standards and best practices	文献管理　对合规行业标准和最佳操作规程的可信系统的评估	01. 140. 20	TC171/SC3

附录 4:ISO 相关图书馆标准规范(26 项)

序号	标准号	标准名称(英文)	标准名称(中文)	ICS	发布年份	制定者
1	ISO/IEC 10995:2011	Information technology – Digitally recorded media for information interchange and storage – Test method for the estimation of the archival lifetime of optical media	信息技术　用于信息交换和存储的数字记录媒体估计光学媒体使用寿命的检测方法	现行	2011	ISO/IEC JTC1/SC23
2	ISO/IEC 15445:2000	Information technology – Document description and processing languages – HyperText Markup Language(HTML)	信息技术　文献描述和处理语言　超文本标记语言(HTML)	现行	2000	ISO/IEC JTC1/SC34
3	ISO/IEC TR 22250-1:2002	Information technology – Document description and processing languages – Regular Language Description for XML(RELAX) – Part 1:RELAX Core	信息技术　文献描述和处理语言　用于 XML 的规则语言描述(RELAX)第 1 部分:RELAX 核心	现行	2002	ISO/IEC JTC1/SC34
4	ISO 639-1:2002	Codes for the representation of names of languages – Part 1:Alpha-2 code	表示语言名称的代码　第 1 部分:2 字母代码	现行	2002	TC37/SC2
5	ISO 639-2:1998	Codes for the representation of names of languages – Part 2:Alpha-3 code	表示语言名称的代码　第 2 部分:3 字母代码	现行	1998	TC37/SC2

续表

序号	标准号	标准名称(英文)	标准名称(中文)	ICS	发布年份	制定者
6	ISO 639-3:2007	Codes for the representation of names of languages – Part 3: Alpha-3 code for comprehensive coverage of languages	表示语言名称的代码　第3部分:所有语言的3字母代码	现行	2007	TC37/SC2
7	ISO 639-4:2010	Codes for the representation of names of languages – Part 4: General principles of coding of the representation of names of languages and related entities, and application guidelines	表示语言名称的代码　第4部分:语言编码的一般原则和实施指南	现行	2010	TC37/SC2
8	ISO 639-5:2008	Codes for the representation of names of languages – Part 5: Alpha-3 code for language families and groups	表示语言名称的代码　第5部分:语系和语族的3字母代码	现行	2008	TC37/SC2
9	ISO 639-6:2009	Codes for the representation of names of languages – Part 6: Alpha-4 code for comprehensive coverage of language variants	表示语言名称的代码　第6部分:所有语言变体的4字母代码	现行	2009	TC37/SC2
10	ISO 18911:2010	Imaging materials – Processed safety photographic films – Storage practices	成像材料　加工过的安全摄影胶片　储存方法	现行	2010	TC42

续表

序号	标准号	标准名称(英文)	标准名称(中文)	ICS	发布年份	制定者
11	ISO 18913:2012	Imaging materials – Permanence – Vocabulary	成像材料　持久 词汇	现行	2012	TC42
12	ISO 18918:2000	Imaging materials – Processed photographic plates – Storage practices	成像材料　已处理的照相底片 储存方法	现行	2000	TC42
13	ISO 18921:2008	Imaging materials – Compact discs (CD-ROM) – Method for estimating the life expectancy based on the effects of temperature and relative humidity	成像材料　光盘　基于温度和相对湿度的影响估计使用寿命的方法	现行	2008	TC42
14	ISO 18923:2000	Imaging materials – Polyester-base magnetic tape – Storage practices	成像材料　聚酯磁带　储存方法	现行	2000	TC42
15	ISO 18925:2013	Imaging materials – Optical disc media – Storage practices	成像材料　光盘介质 储存方法	现行	2013	TC42
16	ISO 18926:2012	Imaging materials – Information stored on magneto-optical (MO) discs – Method for estimating the life expectancy based on the effects of temperature and relative humidity	成像材料　磁光盘上的信息存储　基于温度和相对湿度的影响估计使用寿命的方法	现行	2012	TC42

续表

序号	标准号	标准名称(英文)	标准名称(中文)	ICS	发布年份	制定者
17	ISO 18927:2013	Imaging materials – Recordable compact disc systems – Method for estimating the life expectancy based on the effects of temperature and relative humidity	成像材料　可擦写光盘系统　基于温度和相对湿度的影响估计使用寿命的方法	现行	2013	TC42
18	ISO 18928:2013	Imaging materials – Unprocessed photographic films and papers – Storage practices	成像材料　未经处理的摄影胶片和相纸 储存方法	现行	2013	TC42
19	ISO/TR 18931:2001	Imaging materials – Recommendations for humidity measurement and control	成像材料　湿度测量和控制的推荐方法	现行	2001	TC42
20	ISO 18933:2012	Imaging materials – Magnetic tape – Care and handling practices for extended usage	成像材料　磁带　用于扩展存储的维护和处理方法	现行	2012	TC42
21	ISO/IEC 16963:2011	Information technology – Digitally recorded media for information interchange and storage – Test method for the estimation of lifetime of optical media for long-term data storage	信息技术　用于信息交换和存储的数字记录媒体估计用于长期存储数据的光学媒体使用寿命的检测方法	修订中	2011	ISO/IEC JTC1/SC23
22	ISO/IEC 2382-17:1999	Information technology – Vocabulary – Part 17:Databases	信息技术　词汇　第17部分:数据库	修订中	1999	ISO/IEC JTC1/SC32

续表

序号	标准号	标准名称(英文)	标准名称(中文)	ICS	发布年份	制定者
23	ISO 18938:2008	Imaging materials – Optical discs – Care and handling for extended storage	成像材料　光盘　用于扩展存储的维护和处理	修订中	2008	TC42
24	ISO/IEC CD 16963	Information technology – Digitally recorded media for information interchange and storage – Test method for the estimation of lifetime of optical media for long-term data storage	信息技术　用于信息交换和存储的数字记录媒体　估计用于长期存储数据的光学媒体使用寿命的检测方法	制定中		ISO/IEC JTC1/SC23
25	ISO/DIS 18938	Imaging materials – Optical discs – Care and handling for extended storage	成像材料　光盘　用于扩展存储的维护和处理	制定中		TC42
26	ISO/DIS 18943	Imaging materials – Magnetic hard drives used for image storage – Care and handling	成像材料　用于影响存储的磁性硬盘　维护和处理	制定中		TC42

附录5:IFLA图书馆现行标准规范(94项)

序号	类别	子类	英文名称	中文名称	制定部门	初版制定时间	修订情况	英文版获取链接	中文版获取链接
1	业务工作标准	规范描述	List of uniform titles for liturgical works of the latin rites of the catholic church	天主教教堂拉丁仪式中礼拜著作的规范题目列表	编目专业组	1975	1981年修订一次	http://www.ifla.org/node/1324	无
2	业务工作标准	规范描述	Anonymous classics: list of uniform headings for european literatures	无名经典:欧洲文学标题规范列表	编目专业组	1978	2004年修订一次	http://www.ifla.org/files/assets/cataloguing/pubs/anonymous-classics_2004.pdf	无
3	业务工作标准	规范描述	Form and structure of corporate headings	公司标题形式和结构	编目专业组	1980	无	无	无

续表

序号	类别	子类	英文名称	中文名称	制定部门	初版制定时间	修订情况	英文版获取链接	中文版获取链接
4	业务工作标准	规范描述	Guidelines for authority records and references(GARR)	规范记录和参考咨询指南(GARR)	编目专业组	1984	2001年修订一次	http://archive. ifla. org/VII/s13/garr/garr. pdf	无
5	业务工作标准	资源采访与馆藏发展	Serial holdings statements at the summary level: Recommendations	连续出版物馆藏概括说明:推荐	连续出版物和其他连续性资源专业组	1985	无	无	无
6	业务工作标准	国际机读目录	UNIMARC manual: Bibliographic format	UNIMARC手册:书目格式	UNIMARC核心活动专业组	1987	1994、2008、2012年各修订一次	http://www. degruyter. com/viewbooktoc/product/39247	无

续表

序号	类别	子类	英文名称	中文名称	制定部门	初版制定时间	修订情况	英文版获取链接	中文版获取链接
7	业务工作标准	报纸编目	International guidelines for the cataloguing of newspapers	报纸编目国际指南	连续出版物专业组和报纸工作组	1989	无	http://archive.ifla.org/VII/s39/broch/intguide.pdf	无
8	业务工作标准	国际机读目录	UNIMARC manual: Authorities format	UNIMARC 手册：规范格式	UNIMARC 核心活动	1991	2001、2009、2012 年各修订一次	http://www.degruyter.com/viewbooktoc/product/42120	无
9	业务工作标准	分类和标引	Guidelines for subject authority and reference entries	主题规范和参考条目指南	分类和标引组	1993	无	无	无
10	业务工作标准	保存和保护	The legal deposit of electronic publications	电子出版物呈缴	国家图书馆专业组	1996	无	http://www.unesco.org/webworld/memory/legaldep.htm	无

续表

序号	类别	子类	英文名称	中文名称	制定部门	初版制定时间	修订情况	英文版获取链接	中文版获取链接
11	业务工作标准	保存和保护	Guidelines for newspaper preservation microfilming	报纸缩微保存指南	IFLA圆桌会议报纸分会和连续出版物专业组	1996	无	http://archive.ifla.org/VII/s39/broch/pr49-e.pdf	无
12	业务工作标准	资源采访与馆藏发展	Basic serials management handbook	基础连续出版物管理手册	连续出版物和其他连续性资源专业组	1996	无	http://www.ifla.org/node/1657	无
13	业务工作标准	书目	An annotated guide to current national bibliographies	现有国家书目注释指南	书目专业组	1997	无	http://www.degruyter.com/viewbooktoc/product/26905	无

续表

序号	类别	子类	英文名称	中文名称	制定部门	初版制定时间	修订情况	英文版获取链接	中文版获取链接
14	业务工作标准	书目记录功能需求	Functional requirements for bibliographic records final report-current text	书目记录的功能需求—最终报告（现行文本）	编目专业组	1998	2007、2008、2009年各修订一次	http://www. ifla. org/files/assets/cataloguing/frbr/frbr_2008. pdf	http://www. ifla. org/files/assets/cataloguing/frbr/frbr-zh. pdf
15	业务工作标准	保存和保护	IFLA principles for the care and handling of library material	国际图联国书馆材料保护和处理原则	保存保护核心项目专业组	1998	无	http://archive. ifla. org/VI/4/news/pchlm. pdf	http://archive. ifla. org/VI/4/news/pchlm-zh. pdf
16	业务工作标准	国际机读目录	Guidelines no. 3: Guidelines for using UNIMARC for older monographic publications(Antiquarian)	指南3:古老专题出版物（古玩）UNIMARC使用指南	UNIMARC核心活动	1998	无	http://archive. ifla. org/VI/3/p1996-1/guid3. htm	无

续表

序号	类别	子类	英文名称	中文名称	制定部门	初版制定时间	修订情况	英文版获取链接	中文版获取链接
17	业务工作标准	书目	The final recommendations of the international congress on national bibliographic services (ICNBS), Copenhagen, 25 – 27 November 1998	国家书目服务国际会议的最终建议，哥本哈根，1998年11月25—27日	书目专业组	1999	无	http://archive.ifla.org/VI/3/icnbs/fina.htm	无
18	业务工作标准	分类和标引	Principles underlying subject heading languages (SHLs)	主题标题语言原则	分类和标引组	1999	无	无	无
19	业务工作标准	国际机读目录	Guidelines no. 1: Guidelines for using UNIMARC for component parts	指南1：零部件UNIMARC使用指南	UNIMARC核心活动	1999	无	http://archive.ifla.org/VI/3/p1996-1/guid1.htm	无

续表

序号	类别	子类	英文名称	中文名称	制定部门	初版制定时间	修订情况	英文版获取链接	中文版获取链接
20	业务工作标准	国际机读目录	Guidelines no. 2: Guidelines for using UNIMARC for microforms	指南2：缩微复制品UNIMARC使用指南	UNIMARC核心活动	1999	无	http://archive.ifla.org/VI/3/p1996-1/guid2.htm	无
21	业务工作标准	国际机读目录	Guidelines no. 4: UNIMARC minimal level record	指南4：旧专题论文出版物UNIMARC使用指南	UNIMARC核心活动	1999	无	http://archive.ifla.org/VI/3/p1996-1/guid4.htm	无
22	业务工作标准	国际机读目录	Guidelines no. 5: Multi-level Description: Encoding options for UNIMARC	指南5：多层次描述：UNIMARC编码选项	UNIMARC核心活动	1999	无	http://archive.ifla.org/VI/3/p1996-1/guid5.htm	无
23	业务工作标准	保存和保护	Guidelines for legal deposit legislation	呈缴本立法指南	国家图书馆专业组	2000	无	http://archive.ifla.org/VII/s1/gnl/legaldep1.htm	无

续表

序号	类别	子类	英文名称	中文名称	制定部门	初版制定时间	修订情况	英文版获取链接	中文版获取链接
24	业务工作标准	国际机读目录	UNIMARC concise classification format (2000.10.31)	UNIMARC简明分类格式（2000.10.31）	UNIMARC核心活动	2000	无	http://archive.ifla.org/VI/3/p1996-1/concise.htm	无
25	业务工作标准	国际机读目录	Guidelines no.6: Electronic resources	指南6:电子资源	UNIMARC核心活动	2000	无	http://archive.ifla.org/VI/3/p1996-1/guid6.htm	无
26	业务工作标准	资源采访与馆藏发展	Guidelines for a collection development policy using the conspectus model	馆藏建设政策规范：利用概要模型	资源采访和馆藏发展组	2001	无	http://www.ifla.org/files/assets/acquisition-collection-development/publications/gcdp-en.pdf	无
27	业务工作标准	规范描述	Structures of corporate name headings – final report – november 2000	公司名称标题结构—最终报告—2000年11月	编目专业组	2001	无	http://www.ifla.org/publications/structures-of-corporate-name-headings	无

续表

序号	类别	子类	英文名称	中文名称	制定部门	初版制定时间	修订情况	英文版获取链接	中文版获取链接
28	业务工作标准	分类与标引	Guidelines for multilingual thesauri	多语言叙词表指南	分类和标引组	2002	2005、2009年各修订一次	http://archive.ifla.org/VII/s29/pubs/Profrep115.pdf	无
29	业务工作标准	保存和保护	Care, handling and storage of photographs	照片保护、处理和存储	保存保护核心项目专业组	2002	无	http://archive.ifla.org/VI/4/news/ipi5-e.pdf	无
30	业务工作标准	保存和保护	Guidelines for the preservation of digital heritage	数字遗产保存指南	国家图书馆专业组	2003	无	http://unesdoc.unesco.org/images/0013/001300/130071e.pdf	无
31	业务工作标准	书目	Sharing of bibliographic information and resources: IFLA bibliographic standards and interoperability	书目信息和资源共享：IFLA书目标准和协同	书目专业组	2005	无	http://archive.ifla.org/VII/d4/pub/Interoperability Standards.pdf	无

续表

序号	类别	子类	英文名称	中文名称	制定部门	初版制定时间	修订情况	英文版获取链接	中文版获取链接
32	业务工作标准	国际机读目录	Guidelines no. 7: Music	指南7:音乐	UNIMARC核心活动	2005	无	http://archive.ifla.org/VI/8/projects/UNIMARC-Guidelines7Music.pdf	无
33	业务工作标准	保存和保护	IFLA disaster preparedness and planning: A brief manual	国际图联灾害预防手册	保存保护核心项目专业组	2006	无	http://archive.ifla.org/VI/4/news/ipi6-en.pdf	http://archive.ifla.org/VI/4/news/ipi6-zh.pdf
34	业务工作标准	国际机读目录	Guidelines no. 8: Serials and other continuing resources	指南8:期刊和其他连续性资源	UNIMARC核心活动	2006	无	http://archive.ifla.org/VI/8/projects/UNIMARC-Guidelines_8_Serials.pdf	无
35	业务工作标准	国际标准书目著录	ISBD: International standard bibliographic description – consolidated edition	ISBD:国际标准书目著录—统一版本	编目专业组	2007	2011年修订一次	http://www.degruyter.com/viewbooktoc/product/178559	(preface-Area0) http://www.ifla.org/files/assets/cataloguing/isbd/isbd-translations-2011-zh_pre-area_0.pdf

续表

序号	类别	子类	英文名称	中文名称	制定部门	初版制定时间	修订情况	英文版获取链接	中文版获取链接
36	业务工作标准	国际机读目录	UNIMARC manual: Holdings format	UNIMARC 手册：馆藏格式	UNIMARC 核心活动	2007	无	http://archive.ifla.org/VI/8/projects/UNIMARC-HoldingsFormat.pdf	无
37	业务工作标准	资源采访与馆藏发展	Gifts for the collections: guidelines for libraries	图书馆捐赠馆藏管理指南	资源采访和馆藏发展组	2008	无	http://www.ifla.org/files/assets/hq/publications/professional-report/112.pdf	http://www.ifla.org/files/assets/hq/publications/professional-report/124.pdf
38	业务工作标准	国际机读目录	UNIMARC concise bibliographic format (2008)	UNIMARC 简明书目格式(2008)	UNIMARC 核心活动	2008	无	http://archive.ifla.org/VI/8/unimarc-concise-bibliographic-format-2008.pdf	无
39	业务工作标准	书目	National bibliographies in the digital age: Guidance and new directions	数字时代的国家书目：指南和新方向	书目专业组	2009	无	http://www.degruyter.com/viewbooktoc/product/42134	http://www.ifla.org/files/assets/hq/publications/series/39-zh.pdf

续表

序号	类别	子类	英文名称	中文名称	制定部门	初版制定时间	修订情况	英文版获取链接	中文版获取链接
40	业务工作标准	编目原则	Statement of international cataloguing principles (ICP) and its glossary	国际编目原则声明及词汇表	编目专业组	2009	无	http://www.ifla.org/files/assets/cataloguing/icp/icp_2009-en.pdf	http://www.ifla.org/files/assets/cataloguing/icp/icp_2009-zh.pdf
41	业务工作标准	书目记录功能需求	Functional requirements for authority data-A conceptual model	规范数据的功能性需求—概念模型	编目专业组	2009	无	http://www.ifla.org/files/assets/cataloguing/frad/frad_2013.pdf	http://www.ifla.org/files/assets/cataloguing/frad/frad_2009-zh.pdf
42	业务工作标准	国际机读目录	UNIMARC concise authorities format	UNIMARC简明规范格式	UNIMARC核心活动	2009	无	http://www.ifla.org/files/assets/uca/UNIMARC%20concise%20authorities%20format%20(2009).pdf	无

续表

序号	类别	子类	英文名称	中文名称	制定部门	初版制定时间	修订情况	英文版获取链接	中文版获取链接
43	业务工作标准	书目记录功能需求	Functional requirements for subject authority data-A conceptual model	主题规范数据的功能需求（FRSAD）概念模型	编目专业组	2010	无	http://www.ifla.org/files/assets/classification-and-indexing/functional-requirements-for-subject-authority-data/frsad-final-report.pdf	http://www.ifla.org/files/assets/cataloguing/frsad/frsad-final-report-zh.pdf
44	业务工作标准	规范描述	Anonymous classics：A list of uniform titles for chinese works	无名经典：中国著作的规范题目列表	编目专业组	2011	无	http://www.ifla.org/files/assets/cataloguing/pubs/anonymous-classics-chinese-works_2011.pdf	无
45	业务工作标准	国际标准书目著录	Full ISBD examples：Supplement to the consolidated edition of the ISBD：International standard bibliographic description	ISBD实例：ISBD统一版本的补充：国际标准书目描述	编目专业组	2011	2013年修订一次	http://www.ifla.org/files/assets/cataloguing/isbd/isbd-examples_2013.pdf	无

续表

序号	类别	子类	英文名称	中文名称	制定部门	初版制定时间	修订情况	英文版获取链接	中文版获取链接
46	业务工作标准	资源采访与馆藏发展	Key Issues for e-resource collection development: A guide for libraries	电子资源馆藏建设的关键问题：图书馆指南	资源采访和馆藏发展组	2012	无	http://www. ifla. org/files/assets/acquisition-collection-development/publications/Electronic-resource-guide. pdf	http://www. ifla. org/files/assets/acquisition-collection-development/publications/electronic-resource-guide-cn-simplified. pdf
47	业务工作标准	书目记录功能需求	FRBR object-oriented definition and mapping to FRBRER (Version 1.0.2)	书目记录功能需求基于实体的定义和到实体－关系模型的转化(1.0.2版)	编目专业组	2012	无	http://www. cidoc-crm. org/docs/frbr _ oo/frbr _ docs/FRBRoo _ V1. 0. 2. pdf	无
48	业务工作标准	国际标准书目著录	ISBD namespaces	ISBD 命名空间	编目专业组	2012	无	http://iflastandards. info/ns/isbd/	无

续表

序号	类别	子类	英文名称	中文名称	制定部门	初版制定时间	修订情况	英文版获取链接	中文版获取链接
49	业务工作标准	视听和多媒体	Guidelines for audiovisual and multimedia materials in libraries and other institutions	图书馆及其他机构视听和多媒体资料指南	视听与多媒体专业组	不详	2004年修订一次	http://archive.ifla.org/VII/s35/pubs/avm-guidelines04.pdf	http://archive.ifla.org/VII/s35/pubs/avm-guidelines04-zh.pdf
50	业务工作标准	规范描述	Names of persons: national usages for entry in catalogues	人名：编目入口的国际用法	编目专业组	不详	1996年修订一次	http://archive.ifla.org/VII/s13/pubs/NamesOfPersons_1996.pdf	无
51	基础标准	缩微技术	Microfilming for digitisation and optical character recognition	缩微数字化和光学特性识别	报纸工作组	2002	无	http://archive.ifla.org/VII/s39/broch/microfilming.htm	http://archive.ifla.org/VII/s39/broch/microfilming-cn.pdf
52	基础标准	图书馆建筑和设施	IFLA library building guidelines: Developments & Reflections	IFLA图书馆建筑指南：发展和反响	图书馆建筑和设施专业组	2007	无	http://www.degruyter.com/viewbooktoc/product/178906	无

续表

序号	类别	子类	英文名称	中文名称	制定部门	初版制定时间	修订情况	英文版获取链接	中文版获取链接
53	基础标准	图书馆建筑和设施	Key issues in building design：How to get started in planning a project	建筑设计的关键问题：如何开始计划一个工程	图书馆建筑和设施专业组	2009	无	http://www.ifla.org/files/assets/library-buildings-and-equipment/Publications/key-issues-in-building-design-en.pdf	无
54	基础标准	术语	Multilingual dictionary of cataloguing terms and concepts (MulDiCat)	分类术语和概念的多语言词典（MulDiCat）	编目专业组/分类和标引组	2010	2012年修订一次	http://www.ifla.org/publications/multilingual-dictionary-of-cataloguing-terms-and-concepts-muldicat	无
55	管理标准	图书馆协会管理	Guidelines for the organization Structure of Associations	图书馆协会组织结构指南	图书馆协会管理专业组	2004	无	http://archive.ifla.org/VII/s40/pub/ifla-osa.pdf	无

续表

序号	类别	子类	英文名称	中文名称	制定部门	初版制定时间	修订情况	英文版获取链接	中文版获取链接
56	管理标准	图书馆协会管理	Guidelines for Association programs and services	图书馆协会的计划和服务指南	图书馆协会管理专业组	2004	无	http://archive.ifla.org/VII/s40/pub/apas.pdf	http://archive.ifla.org/VII/s40/pub/apas-cn.pdf
57	管理标准	图书馆协会管理	Guidelines for developing policies and procedures for Library Associations	图书馆协会政策的制定及程序指南	图书馆协会管理专业组	2004	无	http://archive.ifla.org/VII/s40/pub/devpole.pdf	http://archive.ifla.org/VII/s40/pub/smla1b-cn.pdf
58	管理标准	图书馆协会管理	Guidelines for financial management of Library Associations	图书馆协会财务管理指南	图书馆协会管理专业组	2004	无	http://archive.ifla.org/VII/s40/pub/ifla_02.pdf	http://archive.ifla.org/VII/s40/pub/ifla_02-cn.pdf
59	管理标准	图书馆协会管理	Guidelines for governing and leading Library Associations	图书馆协会管理和领导指南	图书馆协会管理专业组	2004	无	http://archive.ifla.org/VII/s40/pub/ifla_01.pdf	http://archive.ifla.org/VII/s40/pub/ifla_01-cn.pdf

续表

序号	类别	子类	英文名称	中文名称	制定部门	初版制定时间	修订情况	英文版获取链接	中文版获取链接
60	管理标准	图书馆协会管理	Guidelines for Library Associations operations	图书馆协会运营指南	图书馆协会管理专业组	2004	无	http://archive.ifla.org/VII/s40/pub/ifla_03.pdf	http://archive.ifla.org/VII/s40/pub/ifla_03-cn.pdf
61	管理标准	图书馆协会管理	Expanding advocacy in the library community – A guide for developing a government relations without borders	扩大图书馆行业的宣传—跨界发展与政府关系指南	图书馆协会管理专业组	2004	无	http://archive.ifla.org/VII/s40/pub/advocacy.pdf	http://archive.ifla.org/VII/s40/pub/advocacy-cn.pdf
62	服务标准	文献传递与资源共享	International resource sharing and document delivery: Principles and guidelines for procedure	国际资源分享和文档传输：原则和流程指南	文献传递和资源共享专业组	1978	1987、2001、2009年各修订一次	http://www.ifla.org/files/assets/docdel/documents/international-lending-en.pdf	无

续表

序号	类别	子类	英文名称	中文名称	制定部门	初版制定时间	修订情况	英文版获取链接	中文版获取链接
63	服务标准	图书馆多元文化服务	Multicultural communities: Guidelines for library services	多元文化社区：图书馆服务指南	图书馆的多元文化服务专业组	1982	1998、2009年各修订一次	http://www.ifla.org/files/assets/library-services-to-multicultural-populations/publications/multicultural-communities-en.pdf	http://www.ifla.org/files/assets/library-services-to-multicultural-populations/publications/multicultural-communities-zh.pdf
64	服务标准	图书馆特殊需求人群服务	Guidelines for library services to deaf people	聋人图书馆服务指南	图书馆特殊需求人群服务专业组	1991	2000年修订一次	http://www.ifla.org/files/assets/hq/publications/professional-report/62.pdf	无
65	服务标准	图书馆特殊需求人群服务	Guidelines for library services to prisoners	服刑人员图书馆服务指南	图书馆特殊需求人群服务专业组	1992	1995、2005年各修订一次	http://archive.ifla.org/VII/s9/nd1/iflapr-92.pdf	无

续表

序号	类别	子类	英文名称	中文名称	制定部门	初版制定时间	修订情况	英文版获取链接	中文版获取链接
66	服务标准	图书馆少年儿童服务	Guidelines for library services for young adults	图书馆青少年服务指南	少年儿童图书馆专业组	1996	2008年修订一次	http://archive. ifla. org/VII/s10/pubs/Profrep107. pdf	无
67	服务标准	图书馆特殊需求人群服务	Guidelines for easy-to-read materials	易读材料指南	图书馆特殊需求人群服务专业组	1997	2010年修订一次	http://www. ifla. org/files/assets/hq/publications/professional-report/120. pdf	无
68	服务标准	图书馆特殊需求人群服务	Guidelines for library service to braille users	盲人图书馆服务指南	图书馆服务阅读障碍人士专业组	1998	无	http://www. ifla. org/publications/guidelines-for-library-service-to-braille-users	无

续表

序号	类别	子类	英文名称	中文名称	制定部门	初版制定时间	修订情况	英文版获取链接	中文版获取链接
69	服务标准	教育与培训	Guidelines for professional library/information education programs	专业图书馆/信息教育项目指南	教育和培训专业组	2000	2003、2012年各修订一次	http://www.ifla.org/files/assets/set/publications/guidelines/Guidelines%202012_revision_SET%20FINAL%202012.pdf	无
70	服务标准	图书馆特殊需求人群服务	Guidelines for libraries serving hospital patients and the elderly and disabled in long-term care facilities	医院病人及长期看护机构老人和残疾人图书馆服务指南	图书馆特殊需求人群服务专业组	2000	无	http://archive.ifla.org/VII/s9/nd1/iflapr-61e.pdf	无
71	服务标准	图书馆特殊需求人群服务	Guidelines for library services to persons with dyslexia	读写障碍人士图书馆服务指南	图书馆特殊需求人群服务专业组	2001	无	http://archive.ifla.org/VII/s9/nd1/iflapr-70e.pdf	无

续表

序号	类别	子类	英文名称	中文名称	制定部门	初版制定时间	修订情况	英文版获取链接	中文版获取链接
72	服务标准	参考咨询与信息服务	IFLA digital reference guidelines	国际图联数字参考咨询指南	参考咨询和信息服务专业组	2002	无	http://archive. ifla. org/VII/s36/pubs/drg03. htm	http://archive. ifla. org/VII/s36/pubs/Digital Reference Guidelines-ZH. pdf
73	服务标准	文献传递与资源共享	Guidelines for best practice in interlibrary loan and document delivery	馆际互借和文献传递的最佳实践指南	文献传递和资源共享专业组	2003	无	http://www. ifla. org/files/assets/docdel/documents/guidelines-best-practice-ill-dd-en. pdf	无
74	服务标准	图书馆少年儿童服务	Guidelines for Children's libraries services	儿童图书馆服务指南	少年儿童图书馆专业组	2003	无	http://www. ifla. org/files/assets/libraries-for-children-and-ya/publications/guidelines-for-childrens-libraries-services-en. pdf	无

续表

序号	类别	子类	英文名称	中文名称	制定部门	初版制定时间	修订情况	英文版获取链接	中文版获取链接
75	服务标准	终身学习/信息素养	Guidelines for library-based literacy programs	基于图书馆的读写能力项目指南	识字和阅读专业组	2003	无	http://archive.ifla.org/VII/s33/project/literacy.htm	无
76	服务标准	珍稀图书与手稿	Guidelines for exhibitions loans	展品租借指南	珍稀图书和手稿专业组	2004	无	http://archive.ifla.org/VII/s18/pubs/Guidelines Exhibition Loans.pdf	无
77	服务标准	信息检索	Guidelines for online public access catalogue (OPAC) displays	联机公共目录查询系统(OPAC)演示指南	编目专业组	2005	无	http://www.degruyter.com/viewbooktoc/product/37586	无
78	服务标准	图书馆特殊需求人群服务	Access to libraries for persons with disabilities – CHECKLIST	残疾人图书馆访问—清单	图书馆特殊需求人群服务专业组	2005	无	http://archive.ifla.org/VII/s9/nd1/iflapr-89e.pdf	无

续表

序号	类别	子类	英文名称	中文名称	制定部门	初版制定时间	修订情况	英文版获取链接	中文版获取链接
79	服务标准	终身学习/信息素养	Continuing professional development: Principles and best practices	持续性专业发展：原则和最佳实践	持续专业发展和职场学习专业组	2006	无	http://archive.ifla.org/VII/s43/pub/cpdwl-qual-guide.pdf	http://archive.ifla.org/VII/s43/pub/cpdwl-qual-guide-zh-trad.pdf
80	服务标准	终身学习/信息素养	Guidelines on information literacy for lifelong learning: Final draft	终身学习的信息能力指南:最终版	信息素养专业组	2006	无	http://www.ifla.org/files/assets/information-literacy/publications/ifla-guidelines-en.pdf	无
81	服务标准	图书馆少年儿童服务	Guidelines for library services to babies and toddlers	婴幼儿图书馆服务指南	少年儿童图书馆专业组	2007	无	http://www.ifla.org/files/assets/hq/publications/professional-report/100.pdf	http://www.ifla.org/files/assets/hq/publications/professional-report/132.pdf

续表

序号	类别	子类	英文名称	中文名称	制定部门	初版制定时间	修订情况	英文版获取链接	中文版获取链接
82	服务标准	图书馆特殊需求人群服务	Guidelines for library services to persons with dementia	痴呆症患者图书馆服务指南	图书馆特殊需求人群服务专业组	2007	无	http://archive. ifla. org/VII/s9/nd1/Profrep104. pdf	无
83	服务标准	图书馆少年儿童服务	Web 2.0 and library services for young adults: An introduction for librarians	Web 2.0 和青年人图书馆服务：图书馆员入门	少年儿童图书馆专业组	2008	无	http://www. ifla. org/files/assets/libraries-for-children-and-ya/publications/web-2.0-and-library-services-for-young-adults. pdf	无
84	服务标准	图书馆特殊需求人群服务	Library services to people with special needs section-Glossary of terms and definitions	特殊需求人员图书馆服务—术语表和定义	图书馆特殊需求人群服务专业组	2009	无	http://www. ifla. org/files/assets/hq/publications/professional-report/117. pdf	无

续表

序号	类别	子类	英文名称	中文名称	制定部门	初版制定时间	修订情况	英文版获取链接	中文版获取链接
85	服务标准	图书馆多元文化服务	Multicultural communities: Guidelines for library services: An overview	多文化社区：图书馆服务规范：概观	图书馆的多元文化服务专业组	2011	无	http://www.ifla.org/files/library-services-to-multicultural-populations/publications/guidelines-overview-en.pdf	无
86	服务标准	终身学习/信息素养	Using research to promote literacy and reading in libraries: Guidelines for librarians	在图书馆中用研究来促进识字与阅读：图书馆员指南	识字和阅读专业组	2011	无	http://www.ifla.org/files/assets/hq/publications/professional-report/125.pdf	http://www.ifla.org/files/assets/hq/publications/professional-report/131.pdf
87	专门图书馆标准	国家图书馆	Guidelines for national libraries	国家图书馆指南	国家图书馆专业组	1987	无	无	无

续表

序号	类别	子类	英文名称	中文名称	制定部门	初版制定时间	修订情况	英文版获取链接	中文版获取链接
88	专门图书馆标准	国家图书馆	National library and informational needs	国家图书馆和信息需求	国家图书馆专业组	1989	无	无	无
89	专门图书馆标准	移动图书馆	Mobile library guidelines	移动图书馆指南	公共图书馆专业组	1991	2010年修订一次	http://www.ifla.org/files/assets/hq/publications/professional-report/123.pdf	无
90	专门图书馆标准	议会图书馆	Guidelines for legislative libraries	议会图书馆指南	议会图书馆研究服务专业组	1993	2009年修订一次	http://www.ifla.org/files/assets/hq/publications/series/140.pdf	http://www.ifla.org/files/assets/services-for-parliaments/publications/ifla-140-zh.pdf
91	专门图书馆标准	国家图书馆	Guidelines for legislation for national libraries services	国家图书馆服务立法指南	国家图书馆专业组	1997	无	http://archive.ifla.org/VII/s1/gnl/	无

续表

序号	类别	子类	英文名称	中文名称	制定部门	初版制定时间	修订情况	英文版获取链接	中文版获取链接
92	专门图书馆标准	公共图书馆	IFLA public library service guidelines	IFLA 公共图书馆服务指南	公共图书馆专业组	2001	2010 年修订一次	http://www.degruyter.com/viewbooktoc/product/43971	无
93	专门图书馆标准	学校图书馆	The IFLA/UNESCO school library guidelines	国际图联/联合国教科文组织学校图书馆指南	学校图书馆和资源中心专业组	2002	无	http://www.ifla.org/files/assets/school-libraries-resource-centers/publications/school-library-guidelines/school-library-guidelines.pdf	无
94	专门图书馆标准	政府图书馆	Guidelines for libraries of government departments	政府部门图书馆指南	政府图书馆专业组	2008	无	http://www.ifla.org/files/assets/hq/publications/professional-report/106.pdf	http://www.ifla.org/files/assets/hq/publications/professional-report/106-zh.pdf

附录6:IFLA被替换的及草稿状态的图书馆标准规范(22项)

序号	类别	子类	英文名称	中文名称	制定部门	初版制定时间	修订情况	状态	英文版获取链接	中文版获取链接
1	业务工作标准	编目原则	International conference on cataloguing principles, paris, 9 – 18 October 1961: Report	编目原则国际会议,巴黎,1961年10月9—18日:报告	编目专业组	1963	无	被替换	无	无
2	业务工作标准	编目原则	Statement of principles adopted at the international conference on cataloguing principles	原则声明:编目原则国际会议通过	编目专业组	1971	无	被替换	无	无
3	业务工作标准	国际标准书目著录	ISBD (M): International standard bibliographic description for monographic publications	ISBD(M):国际标准书目著录—专题出版物	编目专业组	1971	1974、1978、1987、2002、2004年各修订一次	被替换	无	无

续表

序号	类别	子类	英文名称	中文名称	制定部门	初版制定时间	修订情况	状态	英文版获取链接	中文版获取链接
4	业务工作标准	国际标准书目著录	ISBD (S): International standard bibliographic description for serials	ISBD(S):国际标准书目著录—连续出版物	编目专业组	1974	1988 年修订一次,后被 ISBD(CR)取代	被替换	无	无
5	业务工作标准	国际标准书目著录	ISBD (CM): International standard bibliographic description for cartographic materials	ISBD(CM):国际标准书目著录—制图材料	编目专业组	1977	1987 年修订一次	被替换	无	无
6	业务工作标准	国际标准书目著录	ISBD(G): General international standard bibliographic description	ISBD(G):通用国际标准书目著录	编目专业组	1977	1992、2004 年各修订一次	被替换	无	无

续表

序号	类别	子类	英文名称	中文名称	制定部门	初版制定时间	修订情况	状态	英文版获取链接	中文版获取链接
7	业务工作标准	国际标准书目著录	ISBD (NBM): International standard bibliographic description for non-book materials	ISBD (NBM): 国际标准书目著录—非书资料	编目专业组	1977	1987年修订一次	被替换	无	无
8	业务工作标准	国际机读目录	UNIMARC: Universal marc format	UNIMARC 格式	UNIMARC核心活动	1977	1980年修订一次	被替换	无	无
9	业务工作标准	规范描述	African legislative and ministerial bodies: List of uniform headings for higher legislative and ministerial bodies in african countries	非洲立法和内阁部门:非洲国家高等立法和内阁部门的规范标题列表	编目专业组	1980	无	被替换	无	无
10	业务工作标准	国际标准书目著录	ISBD (A): International standard bibliographic description for older monographic publications(Antiquarian)	ISBD(A):国际标准书目著录—古老专题出版物(古玩)	编目专业组	1980	1991年修订一次	被替换	无	无

续表

序号	类别	子类	英文名称	中文名称	制定部门	初版制定时间	修订情况	状态	英文版获取链接	中文版获取链接
11	业务工作标准	国际标准书目著录	ISBD (PM): International standard bibliographic description for printed music	ISBD(PM):国际标准书目著录—印刷音乐	编目专业组	1980	1989、1991年各修订一次	被替换	无	无
12	业务工作标准	规范描述	Names of states: An authority list of language forms for catalogue entries	国家名称:目录条目语言形式的权威列表	编目专业组	1981	无	被替换	无	无
13	业务工作标准	国际标准书目著录	Guidelines for the application of the ISBDs to the description of component parts	ISBD应用指南:对析出文献的描述	编目专业组	1982	1988、2002年各修订一次	被替换	http://www.ifla.org/files/assets/cataloguing/isbd/component-parts.pdf	无
14	业务工作标准	国际机读目录	UNIMARC handbook	UNIMARC操作手册	UNIMARC核心活动	1982	无	被替换	无	无

续表

序号	类别	子类	英文名称	中文名称	制定部门	初版制定时间	修订情况	状态	英文版获取链接	中文版获取链接
15	业务工作标准	保存和保护	IFLA principles for the preservation and conservation of library materials	国际图联图书馆材料保存保护原则	保存保护核心项目专业组	1986	后被《国际图联图书馆材料保护与处理原则》取代	被替换	无	无
16	业务工作标准	规范描述	Standard practices in the preparation of bibliographic records	书目记录准备的标准实践	编目专业组	1989	无	被替换	无	无
17	业务工作标准	国际标准书目著录	ISBD (CF) International standard bibliographic description for computer files	ISBD(CF):国际标准书目著录—计算机文件	编目专业组	1990	后被ISBD(ER)取代	被替换	无	无

续表

序号	类别	子类	英文名称	中文名称	制定部门	初版制定时间	修订情况	状态	英文版获取链接	中文版获取链接
18	业务工作标准	国际标准书目著录	ISBD (ER): International standard bibliographic description for electronic resources	ISBD(ER):国际标准书目主流—电子资源	编目专业组	1997	无	被替换	http://archive.ifla.org/VII/s13/pubs/isbd.htm	无
19	业务工作标准	国际标准书目著录	ISBD (CR): International standard bibliographic description for serials and other continuing resources	ISBD(CR):国际标准书目著录—连续出版物和其他连续资料	编目专业组	2002	无	被替换	http://archive.ifla.org/VII/s13/pubs/isbd-cr-final.pdf	无
20	业务工作标准	保存和保护	Guidelines for digitization projects for collections and holdings in the public domain, particularly those held by libraries and archives(draft)	公共领域中对收藏和持有文献的数字化工程指南,尤其是图书馆和档案馆持有的文献(草稿)	保存和保护专业组	2002	无	草稿	http://archive.ifla.org/VII/s19/pubs/digit-guide.pdf	无

续表

序号	类别	子类	英文名称	中文名称	制定部门	初版制定时间	修订情况	状态	英文版获取链接	中文版获取链接
21	业务工作标准	规范描述	Anonymous classics: African literature	无名经典：非洲文学	编目专业组	2005	无	草稿	http://www.ifla.org/files/assets/cataloguing/pubs/anonymous-classics-african_2005.pdf	无
22	管理标准	专业人员资质	International guidelines for equivalency and reciprocity of qualifications for LIS professionals. Draft guidance document for transparency, equivalency and recognition of qualifications	图书馆信息系统专业人员资质的相等和转换国际规范—资质透明、相等和识别的指南草稿	教育和培训专业组	2009	无	草稿	http://www.ifla.org/files/assets/set/Guidance_document_for_recognition_of_qualifications_2009-3.pdf	无

附录 7:我国现行图书馆标准(国家标准与行业标准共 145 项)

序号	标准号	标准名称	实施日期	类别	子类	归口单位	采标情况
1	GB/T 3793—1983	检索期刊条目著录规则	1984	业务工作标准	文献著录	文标委	无
2	QJ 1471—1988	文献采购数据元	1988	业务工作标准	数据元	航天工业部	无
3	QJ 1472—1988	文献借阅流通管理系统数据元	1988	业务工作标准	数据元	航天工业部	无
4	GB/T 13418—1992	文字条目通用排序规则	1992	业务工作标准	规范描述	文标委	ISO 7154:1983
5	GB/T 13190—1991	汉语叙词表编制规则	1992	业务工作标准	规范描述	文标委	无
6	GB/T 3259—1992	中文书刊名称汉语拼音拼写法	1992	业务工作标准	规范描述	文标委	无
7	GB/T 15416—1994	中国科学技术报告编号	1995	业务工作标准	规范描述	文标委	无
8	GB/T 15417—1994	文献　多语种叙词表编制规则	1995	业务工作标准	规范描述	文标委	无
9	WH 0501—1995	图书馆行业条码	1995	业务工作标准	规范描述	图标委	无
10	QJ 2777.2—1995	航天文献编目规则　图书编目规则	1995	业务工作标准	编目	航天工业部	无

续表

序号	标准号	标准名称	实施日期	类别	子类	归口单位	采标情况
11	GB/T 15693—1995	印刷型文献价格指数标准	1996	业务工作标准	资源采访与馆藏发展	文标委	ISO 9230:1991
12	WH/T 0503—96	中国机读目录格式	1996	业务工作标准	编目	文化部	无
13	GB/T 7714—2005	文后参考文献著录规则	2005	业务工作标准	文献著录	文标委	ISO 690:1987
14	GB/T 3792.6—2005	测绘制图资料著录规则	2005	业务工作标准	文献著录	文标委	无
15	GB/T 19688.1—2005	信息与文献　书目数据元目录　第1部分：互借应用	2005	业务工作标准	数据元	文标委	ISO 8459-1:1988
16	GB/T 19688.2—2005	信息与文献　书目数据元目录　第2部分：采访应用	2005	业务工作标准	数据元	文标委	ISO 8459-2:1992
17	GB/T 19688.3—2005	信息与文献　书目数据元目录　第3部分：情报检索	2005	业务工作标准	数据元	文标委	ISO 8459-3:1994

续表

序号	标准号	标准名称	实施日期	类别	子类	归口单位	采标情况
18	GB/T 19688. 4—2005	信息与文献　书目数据元目录　第 4 部分：流通应用	2005	业务工作标准	数据元	文标委	ISO 8459-4:1998
19	GB/T 19689—2005	信息与文献　交互式文本检索命令集	2005	业务工作标准	规范描述	文标委	ISO 8777:1993
20	WH/T 24—2006	图书馆古籍特藏书库基本要求	2006	业务工作标准	古籍	图标委	无
21	WH/T 22—2006	古籍特藏破损定级标准	2006	业务工作标准	古籍	文化部	无
22	WH/T 21—2006	古籍普查规范	2006	业务工作标准	古籍	文化部	无
23	WH/T 20—2006	古籍定级标准	2006	业务工作标准	古籍	文化部	无
24	WH/T 23—2006	古籍修复技术规范与质量要求	2006	业务工作标准	古籍	文化部	无
25	GB/T 3792. 2—2006	普通图书著录规则	2007	业务工作标准	文献著录	文标委	无
26	GB/T 5795—2006	中国标准书号	2007	业务工作标准	规范描述	文标委	ISO 2108:2005
27	GB/T 21712—2008	古籍修复技术规范与质量要求	2008	业务工作标准	古籍	文化部	无

续表

序号	标准号	标准名称	实施日期	类别	子类	归口单位	采标情况
28	GB/T 23286.1—2009	文献管理　长期保存的电子文档文件格式　第1部分：PDF1.4（PDF/A－1）的使用	2009	业务工作标准	文献管理	文影标	ISO 19005-1：2005 Ed.1
29	GB/T 19688.5—2009	信息与文献　书目数据元目录　第5部分：编目和元数据交换用数据元	2009	业务工作标准	数据元	文标委	ISO 8459-5：2002
30	GB/Z 23283—2009	基于文件的电子信息的长期保存	2009	业务工作标准	保存与保护	文影标	ISO/TR 18492：2005
31	GB/T 22373—2008	标准文献元数据	2009	业务工作标准	元数据	中国标准化研究院	无
32	GB/T 3792.7—2008	古籍著录规则	2009	业务工作标准	文献著录	文标委	ISBD（A）
33	GB/T 22466—2008	索引编制规则（总则）	2009	业务工作标准	规范描述	文标委	ISO 999：1996
34	GB/T 7713.3—2009	科技报告编写规则	2010	业务工作标准	规范描述	文标委	ANSI/NISO Z39.18：2005

续表

序号	标准号	标准名称	实施日期	类别	子类	归口单位	采标情况
35	GB/T 3179—2009	期刊编排格式	2010	业务工作标准	规范描述	文标委	ISO 8:1977
36	GB/T 3792.3—2009	文献著录　第3部分:连续性资源	2010	业务工作标准	文献著录	文标委	ISBD(CR):2002
37	GB/T 3792.4—2009	文献著录　第4部分:非书资料	2010	业务工作标准	文献著录	文标委	无
38	GB/T 3792.9—2009	文献著录　第9部分:电子资源	2010	业务工作标准	文献著录	文标委	ISBD(ER):2004
39	GB/T 24424—2009	馆藏说明	2010	业务工作标准	资源采访与馆藏发展	文标委	ISO 10324:1997
40	GB/T 3860—2009	文献主题标引规则	2010	业务工作标准	分类与标引	文标委	ISO 5963:1985
41	GB/T 24423—2009	信息与文献　文献用纸耐久性要求	2010	业务工作标准	保存与保护	文标委	ISO 9706:1994
42	GB/T 24422—2009	信息与文献　档案纸　耐久性和耐用性要求	2010	业务工作标准	保存与保护	文标委	ISO 11108:1996

续表

序号	标准号	标准名称	实施日期	类别	子类	归口单位	采标情况
43	GB/T 3792.1—2009	文献著录　第1部分：总则	2010	业务工作标准	文献著录	文标委	ISBD(G):2004
44	GB/T 13417—2009	期刊目次表	2010	业务工作标准	规范描述	文标委	ISO 18:1981
45	GB/T 25100—2010	信息与文献　都柏林核心元数据元素集	2010	业务工作标准	元数据	文标委	ISO 15836:2009
46	GB/T 27703—2011	信息与文献　图书馆和档案馆的文献保存要求	2012	业务工作标准	保存与保护	文标委	ISO 11799:2003
47	WH/T 48—2012	数字对象唯一标识符规范	2012	业务工作标准	标识符	图标委	无
48	WH/T 45—2012	文本数据加工规范	2012	业务工作标准	数据处理	图标委	无
49	WH/T 46—2012	图像数据加工规范	2012	业务工作标准	数据处理	图标委	无
50	WH/T 49—2012	音频数据加工规范	2012	业务工作标准	数据处理	图标委	无
51	WH/T 50—2012	网络资源元数据规范	2012	业务工作标准	元数据	图标委	无
52	WH/T 51—2012	图像元数据规范	2012	业务工作标准	元数据	图标委	无
53	WH/T 47—2012	图书馆数字资源统计规范	2012	业务工作标准	资源采访与馆藏发展	图标委	无

续表

序号	标准号	标准名称	实施日期	类别	子类	归口单位	采标情况
54	WH/Z 1—2012	数字资源长期保存元数据规范	2012	业务工作标准	元数据	图标委	无
55	WH/T 52—2012	管理元数据规范	2012	业务工作标准	元数据	图标委	无
56	GB/T 30227—2013	图书馆古籍书库基本要求	2014	业务工作标准	古籍	图标委	无
57	WH/T 66—2014	古籍元数据规范	2014	业务工作标准	元数据	图标委	无
58	WH/T 66—2014	电子图书元数据规范	2014	业务工作标准	元数据	图标委	无
59	WH/T 64—2014	电子连续性资源元数据规范	2014	业务工作标准	元数据	图标委	无
60	WH/T 67—2014	期刊论文元数据规范	2014	业务工作标准	元数据	图标委	无
61	WH/T 62—2014	音频资源元数据规范	2014	业务工作标准	元数据	图标委	无
62	WH/T 63—2014	视频资源元数据规范	2014	业务工作标准	元数据	图标委	无
63	GB/T 13142—1991	书目信息交换用拉丁字母代码字符扩充集	1992	基础标准	编码	文标委	ISO 5426:1983
64	GB/T 13141—1991	书目信息交换用希腊字母编码字符集	1992	基础标准	编码	文标委	ISO 5428:1984

续表

序号	标准号	标准名称	实施日期	类别	子类	归口单位	采标情况
65	WH 0502—1996	公共图书馆建筑防火安全技术标准	1996	基础标准	图书馆建筑和设施	文化部	无
66	JGJ 38—1999	图书馆建筑设计规范	1999	基础标准	图书馆建筑和设施	中国建筑技术研究院	无
67	GB/T 6160—2003	缩微摄影技术　源文件第一代银－明胶型缩微品密度规范与测量方法	2003	基础标准	缩微技术	文影标	ISO 6200:1999
68	GB/T 6159. 1—2003	缩微摄影技术　词汇　第1部分:一般术语	2003	基础标准	缩微技术	文影标	ISO 6196-1:1993
69	GB/T 6159. 3—2003	缩微摄影技术　词汇　第3部分:胶片处理	2003	基础标准	缩微技术	文影标	ISO 6196-3:1997
70	GB/T 6159. 4—2003	缩微摄影技术　词汇　第4部分:材料和包装物	2003	基础标准	缩微技术	文影标	ISO 6196-4:1998
71	GB/T 6159. 6—2003	缩微摄影技术　词汇　第6部分:设备	2003	基础标准	缩微技术	文影标	ISO 6196-6:1992

续表

序号	标准号	标准名称	实施日期	类别	子类	归口单位	采标情况
72	GB/T 6159.8—2003	缩微摄影技术　词汇　第8部分:应用	2003	基础标准	缩微技术	文影标	ISO 6196-8:1998
73	GB/T 17739.3—2004	技术图样与技术文件的缩微摄影　第3部分:35mm缩微胶片开窗卡	2004	基础标准	缩微技术	文影标	ISO 3272-3:2001
74	GB/T 19523—2004	缩微摄影技术　16mm与35mm　缩微胶片防光片盘与片盘　技术规范	2004	基础标准	缩微技术	文影标	ISO 1116:1999
75	GB/T 19475.1—2004	缩微摄影技术　开窗卡扫描仪制作影像质量的测量方法　第1部分:测试影像的特征	2004	基础标准	缩微技术	文影标	ISO 11698-1:2000
76	GB/T 19475.2—2004	缩微摄影技术　开窗卡扫描仪制作影像质量的测量方法　第2部分:质量要求和控制	2004	基础标准	缩微技术	文影标	ISO 11698-2:2000

续表

序号	标准号	标准名称	实施日期	类别	子类	归口单位	采标情况
77	GB/T 19474.1—2004	缩微摄影技术　图形 COM 记录仪的质量控制　第 1 部分:测试画面的特征	2004	基础标准	缩微技术	文影标	ISO 11928-1:2000
78	GB/T 19474.2—2004	缩微摄影技术　图形 COM 记录仪的质量控制　第 2 部分:质量要求和控制	2004	基础标准	缩微技术	文影标	ISO 11928-2:2000
79	GB/T 7517—2004	缩微摄影技术　在 16mm 卷片上拍摄古籍的规定	2004	基础标准	缩微技术	文影标	无
80	GB/T 7518—2005	缩微摄影技术　在 35mm 卷片上拍摄古籍的规定	2005	基础标准	缩微技术	文影标	无
81	GB/T 19730—2005	缩微摄影技术　期刊的缩微拍摄　操作程序	2005	基础标准	缩微技术	文影标	ISO 11906:1999
82	GB/T 13984—2005	缩微摄影技术　银盐、重氮和微泡拷贝片　视觉密度　技术规范和测量	2005	基础标准	缩微技术	文影标	ISO 8126:2000
83	GB/Z 19737—2005	缩微摄影技术　银－明胶型缩微品变质迹象的检查	2005	基础标准	缩微技术	文影标	ISO/TR 12031:2000

续表

序号	标准号	标准名称	实施日期	类别	子类	归口单位	采标情况
84	GB/T 15737—2005	缩微摄影技术　银－明胶型缩微品的冲洗与保存	2005	基础标准	缩微技术	文影标	无
85	GB/T 19731—2005	盒式光盘（ODC）装运包装以及光盘标签上的信息	2005	基础标准	缩微技术	文影标	ISO 10922:2000
86	GB/Z 19736—2005	电子成像　文件图像压缩方法选择指南	2005	基础标准	缩微技术	文影标	ISO/TS 12033:2001
87	GB/Z 20648—2006	电子成像　擦除记录在一次写入光学介质上的信息的推荐方法	2006	基础标准	缩微技术	文影标	ISO/TR 12037:1998
88	GB/T 20225—2006	电子成像　词汇	2006	基础标准	缩微技术	文影标	ISO 12651:1999
89	GB/T 17739.5—2006	技术图样与技术文件的缩微摄影　第5部分：开窗卡中缩微影像重氮复制的检验程序	2006	基础标准	缩微技术	文影标	ISO 3272-5:1999
90	GB/T 20233—2006	缩微摄影技术　A6尺寸开窗卡	2006	基础标准	缩微技术	文影标	ISO 10549:2000

续表

序号	标准号	标准名称	实施日期	类别	子类	归口单位	采标情况
91	GB/T 20226.1—2006	缩微摄影技术　缩微胶片A6尺寸封套　第1部分：16mm缩微胶片用五片道封套	2006	基础标准	缩微技术	文影标	ISO 8127-1:1989
92	GB/T 20226.2—2006	缩微摄影技术　缩微胶片A6尺寸封套　第2部分：16mm和35mm缩微胶片用其他类型封套	2006	基础标准	缩微技术	文影标	ISO 8127-2:1999
93	GB/Z 20227—2006	缩微摄影技术　缩微记录的清除、删除、校正或修正	2006	基础标准	缩微技术	文影标	ISO/TR 12036:2000
94	GB/Z 20650—2006	缩微摄影技术　缩微品的法律认可性	2006	基础标准	缩微技术	文影标	ISO/TR 10200:1990
95	GB/T 20232—2006	缩微摄影技术　条码在开窗卡上的使用规则	2006	基础标准	缩微技术	文影标	ISO 12656:2001
96	GB/T 6159.10—2006	缩微摄影技术　词汇　第10部分：索引	2006	基础标准	缩微技术	文影标	ISO 6196-10:1999

续表

序号	标准号	标准名称	实施日期	类别	子类	归口单位	采标情况
97	GB/T 20493. 1—2006	电子成像　办公文件黑白扫描用测试标板　第1部分:特性	2007	基础标准	缩微技术	文影标	ISO 12653-1:2000
98	GB/T 20493. 2—2006	电子成像　办公文件黑白扫描用测试标板　第2部分:使用方法	2007	基础标准	缩微技术	文影标	ISO 12653-2:2000
99	GB/T 17739. 2—2006	技术图样与技术文件的缩微摄影　第2部分:35mm银-明胶型缩微品的质量准则与检验	2007	基础标准	缩微技术	文影标	ISO 3272-2:1994
100	GB/T 20494. 1—2006	缩微摄影技术　使用单一内显示系统生成影像的COM记录器的质量控制　第1部分:软件测试标板的特性	2007	基础标准	缩微技术	文影标	ISO 14648-1:2001

续表

序号	标准号	标准名称	实施日期	类别	子类	归口单位	采标情况
101	GB/T 20494. 2—2006	缩微摄影技术　使用单一内显示系统生成影像的COM记录器的质量控制　第2部分:使用方法	2007	基础标准	缩微技术	文影标	ISO 14648-2:2001
102	建标 108—2008	公共图书馆建设标准	2008	基础标准	图书馆建筑和设施	文化部	无
103	建标 108—2008	公共图书馆建设用地指标	2008	基础标准	图书馆建筑和设施	文化部	无
104	GB/T 23730. 1—2009	中国标准视听作品号　第1部分:视听作品标识符	2009	基础标准	标识符	文标委	ISO 15706-1:2002 及其修改单 1:2008
105	GB/T 23730. 2—2009	中国标准视听作品号　第2部分:版本标识符	2009	基础标准	标识符	文标委	ISO 15706-2:2007
106	GB/T 23731—2009	GEDI—通用电子文档交换	2009	基础标准	信息交换格式	文标委	ISO 17933:2000
107	GB/T 23732—2009	中国标准文本编码	2009	基础标准	编码	文标委	无
108	GB/T 23733—2009	中国标准音乐作品编码	2009	基础标准	编码	文标委	ISO 15707:2001

续表

序号	标准号	标准名称	实施日期	类别	子类	归口单位	采标情况
109	GB/T 23285—2009	缩微摄影技术　开窗卡增厚区厚度的测量方法	2009	基础标准	缩微技术	文影标	ISO 6342:2003 Ed. 2
110	GB/T 23284—2009	缩微摄影技术　16mm 和 35mm 卷式缩微胶片使用的影像标记(光点)	2009	基础标准	缩微技术	文影标	ISO 11962:2002
111	GB/T 7516—2008	缩微摄影技术　缩微拍摄用图形符号	2009	基础标准	缩微技术	文影标	ISO 9878:1990
112	GB/T 17739. 1—2008	技术图样与技术文件的缩微摄影　第 1 部分:操作程序	2009	基础标准	缩微技术	文影标	ISO 3272-1:2003
113	GB/T 17739. 4—2008	技术图样与技术文件的缩微摄影　第 4 部分:特殊和超大尺寸图样的拍摄	2009	基础标准	缩微技术	文影标	ISO 3272-4:1994
114	GB/T 12356—2008	缩微摄影技术　16mm 平台式缩微　摄影机用测试标板的特征及其使用	2009	基础标准	缩微技术	文影标	无

续表

序号	标准号	标准名称	实施日期	类别	子类	归口单位	采标情况
115	GB/T 17294.1—2008	缩微摄影技术　字母数字计算机输出缩微品　质量控制　第1部分：测试幻灯片和测试数据的特征	2009	基础标准	缩微技术	文影标	ISO 8514-1:2000
116	GB/T 17294.2—2008	缩微摄影技术　字母数字计算机输出缩微品　质量控制　第2部分：方法	2009	基础标准	缩微技术	文影标	ISO 8514-2:2000
117	GB/T 18405—2008	缩微摄影技术　ISO字符和ISO 1号测试图的特征及其使用	2009	基础标准	缩微技术	文影标	ISO 446:2004
118	GB/T 6161—2008	缩微摄影技术　ISO 2号解像力测试图的描述及其应用	2009	基础标准	缩微技术	文影标	ISO 3334:2006
119	GB/T 16573—2008	缩微摄影技术　在16mm和35mm银－明胶型　缩微胶片上拍摄文献的操作程序	2009	基础标准	缩微技术	文影标	ISO 6199:2005

续表

序号	标准号	标准名称	实施日期	类别	子类	归口单位	采标情况
120	GB/T 17293—2008	缩微摄影技术　检查平台式缩微　摄影机系统性能用的测试标板	2009	基础标准	缩微技术	文影标	ISO 10550:1994
121	GB/T 17292—2008	缩微摄影技术　第一代银－明胶型缩微品的质量要求	2009	基础标准	缩微技术	文影标	无
122	GB/T 12355—2008	缩微摄影技术　有影像缩微胶片的连接	2009	基础标准	缩微技术	文影标	无
123	GB/T 8987—2008	缩微摄影技术　缩微摄影时检查负像光学密度用测试标板	2009	基础标准	缩微技术	文影标	无
124	GB/T 18503—2008	缩微摄影技术　A6 透明缩微平片　影像的排列	2009	基础标准	缩微技术	文影标	ISO 9923:1994
125	GB/T 4894—2009	信息与文献　术语	2010	基础标准	术语	文标委	ISO 5127:2001
126	GB/T 13396—2009	中国标准录音制品编码	2010	基础标准	编码	文标委	ISO 3901:2001

续表

序号	标准号	标准名称	实施日期	类别	子类	归口单位	采标情况
127	GB/T 25072—2010	缩微摄影技术　在 35mm 缩微胶片上拍摄存档报纸	2010	基础标准	缩微技术	文影标	ISO 4087:2005
128	GB/Z 25101—2010	音乐、电影、视频、录音和出版产业　内容传递与权益管理标识符和描述符的功能要求	2010	基础标准	标识符	文标委	无
129	GB/T 25073—2010	缩微摄影技术　彩色缩微胶片　曝光技术及与之相适应的线条原件和连续色调原件的制备	2010	基础标准	缩微技术	文影标	ISO 11142:2005 Ed. 1
130	GB/T 6159. 2—2011	缩微摄影技术　词汇　第 2 部分:影像的布局和记录方法	2011	基础标准	缩微技术	文影标	ISO 6196-2:1993
131	GB/T 6159. 7—2011	缩微摄影技术　词汇　第 7 部分:计算机缩微摄影技术	2011	基础标准	缩微技术	文影标	ISO 6196-7:1992

续表

序号	标准号	标准名称	实施日期	类别	子类	归口单位	采标情况
132	GB/T 19110—2011	缩微摄影技术　检查轮转式缩微摄影机系统性能用的测试标板	2011	基础标准	缩微技术	文影标	ISO 10594:2006
133	GB/T 6159. 5—2011	缩微摄影技术　词汇　第5部分:影像的质量、可读性和检查	2011	基础标准	缩微技术	文影标	ISO 6196-5:1987
134	GB/Z 26822—2011	文档管理　电子信息存储　真实性可靠性建议	2011	基础标准	缩微技术	文影标	ISO/TR 15801:2009
135	GB/T 2901—2012	信息与文献　信息交换格式	2012	基础标准	信息交换格式	文标委	ISO 2709:2008
136	WH/T 43—2012	图书馆－射频识别－数据模型	2012	基础标准	射频技术	图标委	ISO 15511:2009
137	WH/T 44—2012	图书馆－射频识别－数据模型	2012	基础标准	射频技术	图标委	ISO 15511:2009

续表

序号	标准号	标准名称	实施日期	类别	子类	归口单位	采标情况
138	GB/T 17739.6—2012	技术图样与技术文件的缩微摄影　第6部分:35mm缩微胶片放大系统的质量准则和控制	2013	基础标准	缩微技术	文影标	ISO 3272-6:2000
139	GB/T 13191—2009	信息与文献　图书馆统计	2009	管理标准	图书馆统计	文标委	ISO 2789:2006
140	GB/T 29182—2012	信息与文献　图书馆绩效指标	2013	管理标准	图书馆评估	文标委	ISO 11620:2008
141	GB/T 23269—2009	信息与文献　开放系统互连　馆际互借应用服务定义	2009	服务标准	文献传递与资源共享	文标委	ISO 10160:1997
142	GB/T 23270.1—2009	信息与文献　开放系统互连　馆际互借应用协议规范　第1部分:协议说明书	2009	服务标准	文献传递与资源共享	文标委	ISO 10161-1:1997

续表

序号	标准号	标准名称	实施日期	类别	子类	归口单位	采标情况
143	GB/T 23270.2—2009	信息与文献　开放系统互连　馆际互借应用协议规范　第2部分:协议实施一致性声明(PICS)条文	2009	服务标准	文献传递与资源共享	文标委	ISO 10161-2:1997
144	GB/T 28220—2011	公共图书馆服务规范	2012	服务标准	图书馆服务	图标委	无
145	GB/T 27702—2011	信息与文献　信息检索(Z39.50)　应用服务定义和协议规范	2012	服务标准	信息检索	文标委	ISO 23950:1998